U0611764

杭州优秀传统文化丛书编纂委员会

杭州优秀传统文化丛书

周江勇 主编

从都城走向天城

姜青青 著

杭州出版社

图书在版编目（CIP）数据

从都城走向天城 / 姜青青著. -- 杭州：杭州出版社，2020.9
（杭州优秀传统文化丛书 / 周江勇主编）
ISBN 978-7-5565-1338-3

Ⅰ. ①从… Ⅱ. ①姜… Ⅲ. ①都城（遗址）—研究—中国—南宋 Ⅳ. ① K928.644.2

中国版本图书馆 CIP 数据核字（2020）第 168095 号

Cong Ducheng Zouxiang Tiancheng

从都城走向天城

姜青青/著

责任编辑　李利忠
装帧设计　祁睿一　李轶军
美术编辑　祁睿一
责任校对　萧　燕
责任印务　屈　皓
出版发行　杭州出版社（杭州西湖文化广场32号6楼）
　　　　　电话：0571-87997719　邮编：310014
　　　　　网址：www.hzcbs.com
排　　版　浙江时代出版服务有限公司
印　　刷　杭州日报报业集团盛元印务有限公司
经　　销　新华书店
开　　本　710 mm × 1000 mm　1/16
印　　张　20.75
字　　数　255千
版 印 次　2020年9月第1版　2020年9月第1次印刷
书　　号　ISBN 978-7-5565-1338-3
定　　价　48.00元

寄语

中华优秀传统文化是中华民族的精神命脉，是我们在世界文化激荡中站稳脚跟的坚实根基。杭州拥有实证中华五千多年文明史的圣地良渚古城遗址，是首批国家历史文化名城和中国七大古都之一，历史给杭州留下了众多优美的传说、珍贵的古迹和灿烂的诗篇。西湖、大运河、良渚三大世界遗产和灵隐寺、岳庙、六和塔等饱经沧桑的名胜古迹，钱镠、白居易、苏轼、岳飞、于谦等名垂青史的风流人物，西泠篆刻、蚕桑丝织技艺、浙派古琴艺术等代代传承的非物质文化遗产，形成了完整的文化序列、延绵的城市文脉。“杭州优秀传统文化丛书”旨在保护城市文化遗存、弘扬优秀传统文化，包括一部专著和十个系列一百余册书籍，涵盖城史文化、山水文化、名人文化、遗迹文化、艺术文化、思想文化等方方面面，以读者为中心，具有“讲故事、轻阅读、易传播”的特点。希望广大读者能通过这套丛书，走进处处有历史、步步有文化的人间天堂，品读历史与现实交汇的独特韵味，在坚定文化自信中当好中华文明的薪火传人。

周江勇

（周江勇，中共浙江省委常委、杭州市委书记，“杭州优秀传统文化丛书”主编）

序　言

文化是城市最高和最终的价值

我们所居住的城市，不仅是人类文明的成果，也是人们日常生活的家园。各个时期的文化遗产像一部部史书，记录着城市的沧桑岁月。唯有保留下这些具有特殊意义的文化遗产，才能使我们今后的文化创造具有不间断的基础支撑，也才能使我们今天和未来的生活更美好。

对于中华文明的认知，我们还处在一个不断提升认识的过程中。

过去，人们把中华文化理解成“黄河文化”“黄土地文化”。随着考古新发现和学界对中华文明起源研究的深入，人们发现，除了黄河文化之外，长江文化也是中华文化的重要源头。杭州是中国七大古都之一，也是七大古都中最南方的历史文化名城。杭州历时四年，出版一套“杭州优秀传统文化丛书”，挖掘和传播位于长江流域、中国最南方的古都文化经典，这是弘扬中华优秀传统文化的善举。通过图书这一载体，人们能够静静地品味古代流传下来的丰富文化，完善自己对山水、遗迹、书画、辞章、工艺、风俗、名人等文化类型的认知。读过相关的书后，再走进博物馆或观赏文化景观，看到的历史遗存，将是另一番面貌。

过去一直有人在质疑，中国只有三千年文明，何谈五千年文明史？事实上，我们的考古学家和历史学者一直在努力，不断发掘的有如满天星斗般的考古成果，实证了五千年文明。从东北的辽河流域到黄河、长江流域，特别是杭州良渚古城遗址以4300—5300年的历史，以夯土高台、合围城墙以及规模宏大的水利工程等史前遗迹的发现，系统实证了古国的概念和文明的诞生，使世人确信：这里是古代国家的起源，是重要的文明发祥地。我以前从来不发微博，发的第一篇微博，就是关于良渚古城遗址的内容，喜获很高的关注度。

我一直关注各地对文化遗产的保护情况。第一次去良渚遗址时，当时正在开展考古遗址保护规划的制订，遇到的最大难题是遗址区域内有很多乡镇企业和临时建筑，环境保护问题十分突出。后来再去良渚遗址，让我感到一次次震撼：那些“压”在遗址上面的单位和建筑物相继被迁移和清理，良渚遗址成为一座国家级考古遗址公园，成为让参观者流连忘返的地方，把深埋在地下的考古遗址用生动形象的“语言”展示出来，成为让普通观众能够看懂、让青少年学生也能喜欢上的中华文明圣地。当年杭州提出西湖申报世界文化遗产时，我认为是一项需要付出极大努力才能完成的任务。西湖位于蓬勃发展的大城市核心区域，西湖的特色是“三面云山一面城”，三面云山内不能出现任何侵害西湖文化景观的新建筑，做得到吗？十年申遗路，杭州市付出了极大的努力，今天无论是漫步苏堤、白堤，还是荡舟西湖里，都看不到任何一座不和谐的建筑，杭州做到了，西湖成功了。伴随着西湖申报世界文化遗产，杭州城市发展也坚定不移地从“西湖时代”迈向了“钱塘江时代”，气势磅礴地建起了杭州新城。

从文化景观到历史街区，从文物古迹到地方民居，众多文化遗产都是形成一座城市记忆的历史物证，也是一座城市文化价值的体现。杭州为了把地方传统文化这个大概念，变成一个社会民众易于掌握的清晰认识，将这套丛书概括为城史文化、山水文化、遗迹文化、辞章文化、艺术文化、工艺文化、风俗文化、起居文化、名人文化和思想文化十个系列。尽管这种概括还有可以探讨的地方，但也可以看作是一种务实之举，使市民百姓对地域文化的理解，有一个清晰完整、好读好记的载体。

传统文化和文化传统不是一个概念。传统文化背后蕴含的那些精神价值，才是文化传统。文化传统需要经过学者的研究提炼，将具有传承意义的传统文化提炼成文化传统。杭州在对丛书作者写作作了种种古为今用、古今观照的探讨交流的同时，还专门增加了“思想文化系列”，从杭州古代的商业理念、中医思想、教育观念、科技精神等方面，集中挖掘提炼产生于杭州古城历史中灵魂性的文化精粹。这样的安排，是对传统文化内容把握和传播方式的理性思考。

继承传统文化，有一个继承什么和怎样继承的问题。传统文化是百年乃至千年以前的历史遗存，这些遗存的价值，有的已经被现代社会抛弃，也有的需要在新的历史条件下适当转化，唯有把传统文化中这些永恒的基本价值继承下来，才能构成当代社会的文化基石和精神营养。这套丛书定位在“优秀传统文化”上，显然是注意到了这个问题的重要性。在尊重作者写作风格、梳理和讲好“杭州故事”的同时，通过系列专家组、文艺评论组、综合评审组和编辑部、编委会多层面研读，和作者虚心交流，努力去粗取精，古为今用，这种对文化建设工作的敬畏和温情，值得推崇。

人民群众才是传统文化的真正主人。百年以来，中华传统文化受到过几次大的冲击。弘扬优秀传统文化，需要文化人士投身其中，但唯有让大众乐于接受传统文化，文化人士的所有努力才有最终价值。有人说我爱讲“段子”，其实我是在讲故事，希望用生动的语言争取听众。今天我们更重要的使命，是把历史文化前世今生的故事讲给大家听，告诉人们古代文化与现实生活的关系。这套丛书为了达到“轻阅读、易传播”的效果，一改以文史专家为主作为写作团队的习惯做法，邀请省内外作家担任主创团队，组织文史专家、文艺评论家协助把关建言，用历史故事带出传统文化，以细腻的对话和情节蕴含文化传统，辅以音视频等其他传播方式，不失为让传统文化走进千家万户的有益尝试。

中华文化是建立于不同区域文化特质基础之上的。作为中国的文化古都，杭州文化传统中有很多中华文化的典型特征，例如，中国人的自然观主张“天人合一”，相信“人与天地万物为一体”。在古代杭州老百姓的认知里，由于生活在自然天成的山水美景中，由于风调雨顺带来了富庶江南，勤于劳作又使杭州人得以“有闲”，人们较早对自然生态有了独特的敬畏和珍爱的态度。他们爱惜自然之力，善于农作物轮作，注意让生产资料休养生息；珍惜生态之力，精于探索自然天成的生活方式，在烹饪、茶饮、中医、养生等方面做到了天人相通；怜惜劳作之力，长于边劳动，边休闲娱乐和进行民俗、艺术创作，做到生产和生活的和谐统一。如果说“天人合一”是古代思想家们的哲学信仰，那么“亲近山水，讲求品赏”，应该是古代杭州人的生动实践，并成为影响后世的生活理念。

再如，中华文化的另一个特点是不远征、不排外，这体现了它的包容性。儒学对佛学的包容态度也说明了这一点，对来自远方的思想能够宽容接纳。在我们国家的东西南北甚至是偏远地区，老百姓的好客和包容也司空见惯，对异风异俗有一种欣赏的态度。杭州自古以来气候温润、山水秀美的自然条件，以及交通便利、商贾云集的经济优势，使其成为一个人口流动频繁的城市。历史上经历的“永嘉之乱，衣冠南渡”，“安史之乱，流民南移”，特别是“靖康之变，宋廷南迁”，这三次北方人口大迁移，使杭州人对外来文化的包容度较高。自古以来，吴越文化、南宋文化和北方移民文化的浸润，特别是唐宋以后各地商人、各大商帮在杭州的聚集和活动，给杭州商业文化的发展提供了丰富营养，使杭州人既留恋杭州的好山好水，又能用一种相对超脱的眼光，关注和包容家乡之外的社会万象。这种古都文化，也代表了中华文化的包容性特征。

城市文化保护与城市对外开放并不矛盾，反而相辅相成。古今中外的城市，凡是能够吸引人们关注的，都得益于与其他文化的碰撞和交流。现代城市要在对外交往的发展中，进行长期和持久的文化再造，并在再造中创造新的文化。杭州这套丛书，在尽数杭州各色传统文化经典时，有心安排了“古代杭州与国内城市的交往”“古代杭州和国外城市的交往”两个选题，一个自古开放的城市形象，就在其中。

“杭州优秀传统文化丛书”在传统和现代的结合上，想了很多办法，做了很多努力，他们知道传统文化丛书要得到广大读者接受，不是件简单的事。我们已经走在现代化的路上，传统和现代的融合，不容易做好，需要扎扎实实地做，也需要非凡的创造力。因为，文化是城市功能的最高价值，也是城市功能的最终价值。从“功能城市”走向“文化城市”，就是这种质的飞跃的核心理念与终极目标。

单霁翔

2020 年 9 月

（单霁翔，中国文物学会会长）

千里江山图（局部）

目　录

第四章

开门第一件事的画面感：京城画风和世俗民风

第五章

西湖一首词一幅画，竟然触动了一颗好战的心

第八章

涨海声中万国商：千年丝绸之路的另辟蹊径

第九章

从五十人到十万人，一座永恒之城的正气歌

第十章

哥伦布“迟到”两个世纪的“Quinsay之旅”

『（靖康二年三月）丁巳，金人胁上皇北行……夏四月庚申朔，大风吹石折木。金人以帝及皇后、皇太子北归。』——《宋史》卷二三《钦宗本纪》

『（曹）勋自燕山遁归。建炎元年七月，至南京，以御衣所书进入。高宗泣以示辅臣。』——《宋史》卷三七九《曹勋传》

第一章

趁夜潜逃的曹勋，听到金兵在聊一个词：天堂

走在末路上的皇帝，一“梦”难求

钦宗靖康二年（1127）“五月初一”，对千百万宋人来说，这是个至暗时刻：一个如此光鲜亮丽的王朝，竟然以一出旷古罕见的悲剧，戛然“落幕”！那些台上曾异常耀眼的“本色演员”，也在走向自己最后的“归宿”。

这天，在河北保州（今河北保定）以北的官道上，长长一溜望不到头的军队，正在向北进发——他们是金国二太子斡离不[1]麾下的金兵，正押送他们的头号俘虏宋朝太上皇赵佶[2]及其后妃、宗亲和臣僚，前往东北大金上京（今黑龙江阿城）。

俘虏队伍中有一辆牛车，里面那位倚篷半躺在一件青袍上，正在打盹的半老头儿，就是太上皇赵佶本人。

这天一会儿斜风阵雨，一会儿又日光灼耀。车轱辘在滚过一个水坑时重重地颠簸了一下，赵佶被震醒了，皱眉嘟哝了一声：“却连个囫囵梦都叫做不成！”他往篷子外眯了一眼，问道：“这在哪里了？”没人应答他。他迟疑了片刻，这才想起，往日追随左右片刻不离的内侍张恭，早几天趁着押队金兵的一个疏忽，逃了出去，生死不明。他长长地叹了口气。

①汉名完颜宗望。
②庙号徽宗。

南宋萧照《中兴瑞应图》中正在行军的金兵，以骑兵为主。上海龙美术馆藏

赵佶仍在做“梦”。从一名艺术家的禀性来说，做梦是他的常态，哪天没有了梦，他的创作激情就会大打折扣，那些他特别爱显摆的“瘦金书”和花鸟工笔画就会失去飘逸、遒劲、工丽、精妙的神韵。但他现在的梦，是梦想能有忠义之人来搭救他脱离苦海，即使是做梦，他也要梦回东京（今河南开封，北宋都城汴京）的“清明上河图”，梦回大宋的“千里江山图”。

原先他还寄希望于身为当今皇帝的儿子赵桓[1]能密传诏旨，号令天下，但后来发现赵桓以及一大帮宗室和大臣，都被金兵编成另外一路，取道河东（今山西地带）北上，然后在燕京（今北京）再与自己这一路会合，两人走的根本不是一条道，自己现在也根本不可能去跟赵桓说。再一想，赵桓这可怜虫连老婆都没几个，他能有什么昭告天下的激情和抱负？算了算了，还是自己想办法吧。他回味着刚刚那个转瞬即逝的梦，觉着自己刚才仿佛就在东京的宣德门上，仿佛又看到了元宵节的“东风夜放花千树”，呵呵！

①庙号钦宗。

北宋徽宗《听琴图》局部，抚琴者是赵佶的自画像。故宫博物院藏

外面忽然传来一个河南人的口音，打断了他的胡思乱想："陛下醒醒了！俺们快到白沟河了。"他一抬头，见车外站着的是阁门宣赞舍人曹勋。阁门宣赞舍人就是皇帝身边通报有哪位臣下要来奏事的官员，说白了就是提醒皇帝开会的小秘书，也就从七品的级别。原先赵佶身边供使唤的张恭"拜拜"走人了，现在只有他临时来顶个缺。

队伍打尖停下了。赵佶在曹勋的搀扶下爬出牛车。他本想大大地伸个懒腰，却见边上执刀挺枪、瞪大眼睛、凶神恶煞般的金兵，便只好悄悄地深呼吸了几下。初夏的太阳下，他觉得有些燥热口渴，便向曹勋索要水喝。

曹勋本是皇帝的贴身小秘书，可偏偏没有内侍那种服侍经验，根本没想到替皇帝带个水囊。惶急之下，忽见道旁一片桑树上长着一串串桑葚，紫黑紫黑的，赶忙跑下官道去摘。边上一名金兵立即冲了过去，抓小鸡似的一把将曹勋丢翻在地，没等他爬起身，一柄钢刀已经凉飕飕地架在他的脖子上，随即而来的是叽哩哇啦一阵怒喝。

赵佶对此视而不见，就跟没事一样。

曹勋向那金兵陪着笑脸，虚指一下赵佶，又指指桑树林说："官家渴了，桑果子，润润嗓子，好吃哩！"那金兵仍不放他起身，曹勋忙不迭比画道："桑果子，口渴，煞好吃哩！"这"煞"字是女真人的腔调，那金兵终于有些明白了，自己嗓子眼儿也咕咚了一下，拿开了刀，放曹勋过去了，但一双眼睛仍紧紧盯着他的一举一动。曹勋以极快的动作摘下了一大捧桑葚，回来分出一半给那金兵，然后低头转过身，将余下的桑葚举过头顶，奉献给赵佶。

一阕杏花词，写尽一个王朝的“绝望”

白沟河（今河北雄安一带，也叫拒马河）原是宋辽两国的界河，从此一过，燕山在望，燕京府就快到了，赵佶此行才算是过了前半段。

而在不少人心里，一过白沟，此生便是尽头。像那位曾以招安水泊梁山宋江而走红一时的大臣张叔夜，过河前夜，奋然了断自己的生命，以身殉国。

赵佶所在的这队，共有 1900 多口俘虏，从汴京北迁，已经走了整整一个月。他知道，越往北走，他的梦想就会越发地失落和不堪。但他又能怎样呢？一阵风起，燕雀分飞，不远处的小树林中更是扬起了一片细碎的白花瓣，飘飘落落，雪景似的看着好美。

赵佶见此情景，自言自语了一段《诗经》：“桃之夭夭，灼灼其华。之子于归，宜其室家。”[①]

一旁的曹勋应道：“桃之夭夭，有蕡其实。之子于归，宜其家室。”[②]他顺着赵佶的视线望去，看到那片落花的树林，却有些蒙圈：“陛下，那儿怕是杏花吧，眼下的桃树已结青果了。”赵佶没有搭理他，愣怔了半晌，

①这是《诗经》中的《周南·桃夭》篇，共三章，此第一章大意为：桃枝长得那么茂盛，花儿开得那么绚丽；这位美丽的小姐姐出嫁了，新家对她而言是那么的相宜。

②这是《桃夭》第二章，大意为：桃枝长得那么茂盛，结了又多又大的果实（蕡：果实多而大，音 fén）；这位美丽的小姐姐出嫁了，与她的夫君有了一个和美的家室。

忽然对曹勋道："给我取些笔墨白绢来，我有字儿想写。"

见到曹勋好不容易才搞来的一些纸笔后，赵佶蜷缩在牛车里，好半天没有动笔。太阳落山时，队伍安营扎寨。到了天黑，金兵点卯了以后，他这才在自己和郑皇后歇宿的帐篷里铺纸润笔，摸摸索索起来。

次日一早，曹勋照例前来赵佶帐前问安。他意外地发现，周围的金兵忽然像是如临大敌一般，戒备森严，居然还对他进行了搜身。他进帐篷后，一个千户带着两名金兵紧随其后，形影不离。

曹勋问安礼毕，赵佶唤他近前，把一张纸给他，说是昨晚睡不着觉，写了几行字，叫他好生存放。曹勋捧着一看，是调寄"燕山亭"题作"北行见杏花"的一首词：

> 裁翦冰绡，轻叠数重，淡着燕脂匀注。新样靓妆，艳溢香融，羞杀蕊珠宫女。易得凋零，更多少、无情风雨。愁苦，问院落凄凉，几番春暮？　　凭寄离恨重重，者双燕何曾，会人言语？天遥地远，万水千山，知他故宫何处？怎不思量？除梦里有时曾去。无据，和梦也新来不做。

用今天的话来说，这首词的大致意思是：

> 那花瓣儿洁白如丝绢剪成，又被巧叠成重瓣，隐现一抹胭脂色。如此新巧的妆扮，香艳而幽韵，便是九天蕊珠宫女也自愧不如。本来好花易谢，又怎经得起无情风雨的摧残，总归于玉殒香消。更令我不堪的，即便是红颜落尽的晚景，也不见一个人来哀诉。

双飞的燕子，你们可曾听懂我念叨的离愁别恨，为我传书寄语？可是千里迢迢、山重水复，谁又能知道我曾经的宫阙今在何处？故宫的繁华似锦叫人千思万想，可除了梦里，又能去哪里重温？但最绝望的是，这苦旅叫我连个虚梦也做不成，空有这般期许！

一个从至尊坠落到阶下囚的皇帝，在这首不算太长的词作中，淋漓尽致地写出了眼前的一地碎梦！虽然这是赵佶对于自己人生况味的一种状写，但把它放到历史的长河中去考量，却分明是一个身处绝境的王朝的绝望！

曹勋正自感叹这首词意境的层层深化、百转千回，冷不防背后那千户劈手将纸抢了去，一脸怀疑的神情，盯着那几行字横看竖看，又将纸对着帐篷外的亮光，细细照看了好长一会儿。那千户最终没发现有什么可疑的地方，便叫曹勋依样重抄了一份，却把赵佶亲笔书写的那张揣进了怀里。他早听说赵佶的字画是天下一等一的艺术珍品，现在哪能轻易放过。

曹勋刚想告退，赵佶又叫住他，脱下一件散发出一股汗酸馊味的夹绢赭色半臂[1]，交到曹勋手里，说是天气热了，这衣衫穿不住了，得浆洗了收好。曹勋还没拿好衣服，那千户又一把抓了过去，对着光亮又细细地翻看了一阵子，还是没见有什么可疑之处，又掷还给了曹勋。

曹勋后来才晓得，昨晚不知何时，俘虏队伍中的太上皇第十八子信王赵榛突然走脱，不知去向。这令具体负责看管俘虏的金军都押使萧庆震怒不已，整个金营陡然加强了警戒。之前太上皇贴身内侍张恭的逃亡，萧庆并不在意，毕竟那只是一个内侍而已，自己看住赵佶才是头等大事。但现在南朝的一个亲王竟也在自己眼皮子

①即背心。

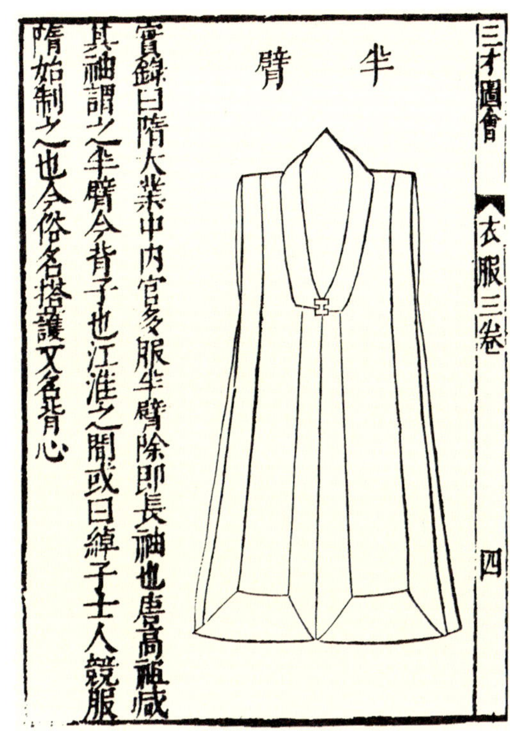
三才圖會 衣服三卷 四

半臂

實錄曰隋大業中內官多服半臂除即長袖也唐高祖減其袖謂之半臂今背子也江淮之間或曰綽子士人競服隋始制之也今俗名搭護又名背心

明人王圻、王思义《三才图会》中的半臂式样。明刻本

底下成功脱逃，太丢人了！而且在二太子面前也没法交代。萧庆一怒之下，操起一柄骨朵[①]，往两个倒霉的守夜金兵脑袋上，呼呼几下，结果了性命。

曹勋也是后来才晓得，昨天五月初一，历史就在这天翻篇了：太上皇诸多儿子中唯一未被金人俘获的第九子康王、领衔河北兵马大元帅赵构[②]，在这天自己“提拔”上位，即皇帝位于南京应天府（今河南商丘），改元“建炎”。

从去年闰十一月东京城被金兵攻陷至今，赵宋王朝已经“停摆”了半年时间，但从今天开始，“宋牌”时钟重启了，并切换到了“南宋时间”。也就是说，北宋最后的年号“靖康”，到五月初一这天作废了。

而此时的曹勋，在他刚走出帐篷的那一刻，忽然听

①一种头部用铜或铁铸造的瓜形或圆形的长柄钝击兵器，是金兵常用的武器。
②庙号高宗。

到赵佶又在吟诵《诗经》：“桃之夭夭，其叶蓁蓁。之子于归，宜其家人。”①

他仿佛突然明白了什么，眼中放射出一种异样的光彩，但又一闪而过，没有更多的表露，只是低头快步走回到了自己的俘虏队伍里……

①这是《桃夭》第三章，大意为：桃枝长得那么茂盛，叶子生得浓密光润；这位美丽的小姐姐出嫁了，新家对她是那么的合适相称。

“绝望”的夜空中有颗最亮的星

这天，风雨交加，整个队伍没再前行。入晚，时雨时晦，月黑风高。

一向以追随太上皇为己任的曹勋，此时此刻勃发一种使命感，叫他下定决心，一定要尽快逃之夭夭，逃离金兵营寨。他明白，俘虏们一旦走进燕京城，那个令多少英雄难以逾越的城墙城河，等于是金人对俘虏们加上的又一道铁锁，自己绝难再有机会逃脱囚笼。而一旦过了榆关（今河北山海关），那基本上就等于是被判了死刑，只要金人不撒手，这把骨头就扎扎实实留在异乡了。

他像打了鸡血似的血脉偾张，很快想好了“逃跑计划”。可是一转念，想到昨晚的俘虏中刚走了信王，四下里的金兵现在一个个夜猫子似的瞪大着眼睛，自己现在拔脚就走，不是自投罗网吗？金兵又不是傻瓜，哪能那么容易让你想走就走的？

他在自己的帐篷里冥思苦想，也想不出个办法，又不敢冒险乱闯，于是一会儿焦虑，一会儿绝望，把自己拖入了进退两难、走投无路的绝境。子夜时分，他被自己这个经不起推敲的“逃跑计划”搞得身心俱疲，一恍

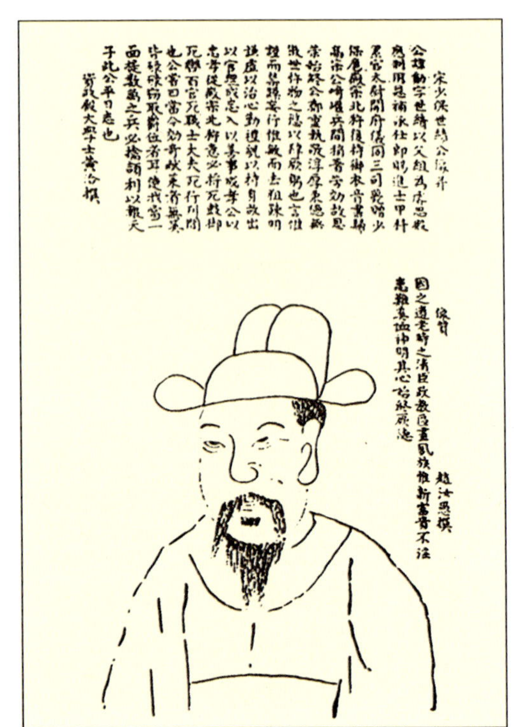

曹勋像。来源：《曹氏族谱》（清代修）

惚就睡过去了。

虽然困极睡倒，但那颗心始终没有放下。没多久，似乎有个响动，他一个激灵，惊醒了——什么情况？循声细辨，却是两个守夜的金兵在小声聊天。

一个清亮的嗓音说：“咱这不已经往回走了，老哥您咋又说，咱们早晚必得去南边厮杀，跟谁呢？”另一个低浑的声音说：“那南朝地盘大着呢！你没听那些个猛安[1]在说，‘上界有天堂，下界有苏杭’。”“啥意思？”“不懂了吧！咱女真人哪天超度上天了，上界便是福地。那苏杭天堂，苏州杭州，便是上界福地，是这世上咱最最要去的地方。明白吗？”“那咱先去苏州，还是杭州？”“这咱不好说。不过几个猛安更多说杭州那疙瘩，啧啧，煞是好去处！”

①金军首领。

两人说着说着，又往别处巡走了。

曹勋也是第一次听说“上界有天堂，下界有苏杭”，但他这会儿无心理会这茬，一门心思又想着如何“越狱”。

曹勋是个细心人，他能在昨天一眼辨清路旁那片树林飘落的是杏花。他又是一个有心人，每天日落驻营时，跋涉了一天的俘虏纷纷累倒在地，再也不愿动一动身，但他却经常暗中观察金兵是如何安营扎寨的：

其一，营地总是选在远离水源的地方；其二，扎寨时总是把军中各种车辆集中起来，车辕一头向内，密密匝匝将俘虏们围上三四圈；其三，车辆只是个“造型”，车厢下边的空间“漏风”也太大了，所以金兵又砍伐大量粗硬树枝，像营寨布防中御敌的鹿角，在外密实围住车辆，由此形成一个铁桶似的牢墙；其四，粗硬树枝之外再有全副武装的金兵巡逻，严防有人出入，而外围则是无数的金兵营帐。如此阵仗像个铁牢，一般人想要“越狱”，那真是做梦！

曹勋现在哪敢贸然就去踹这种恐怖的牢墙？

而这时，天又淅淅沥沥下起了雨。曹勋听那雨滴声，忽然发现，这雨声与往常时候不太一样：以往那雨水打在鹿角似的树枝叶上，会发出清晰的唰唰声，但这会儿雨下得并不小，却发出非常细微的沙沙声。这有啥玄机呢？

他在脑海中回放了金兵这次扎营的场景，捕捉到了一个细节，就是鹿角树枝似乎不像往常那么密实了，金兵更多的是弄来了大捆大捆的芦苇，充作鹿角。显而易见，芦苇当鹿角，这牢墙的围困强度肯定会降低很多。这又是啥情况？

原来，“白沟”这地名和再往北的“卢沟”一样，你一听就明白是条多宽的河了。当初宋辽对峙于这条“沟”的南北，对宋人来说，它窄得真是要了命了，你想靠它来抵御辽军骑兵的进攻，根本没戏。于是宋人想出了损招，在河的南边自家地上再开挖一条条深沟，又拼命植树造林，想用成片密林外加堑壕沟坎，挡住对方骑兵的突袭。

可辽人也不傻，看你这里天天过“植树节”似的，还可着劲儿“挖坑”，玩谁呢？便向宋朝提出外交抗议，强烈要求宋人“退林还耕”，平复坑沟。宋人不愿意，辽人就使阴招，时不时派骑兵越境偷砍盗伐，又蛊惑一些没脑子的宋朝地方官自己砍树。幸存的树木总算长大成林了，却在北宋末年辽国垮台后，被自我感觉良好，以为从此天下太平的宋朝官员自己砍了个精光。

所以，现在金兵想在白沟河附近伐几根树枝，真不好找。可白沟河一带的芦苇倒是随拣随挑，金兵没办法，只好弄来抵作鹿角。那芦苇闲着也是闲着，有总比没有好。

曹勋豁然开窍，此时不走更待何时？更何况这场雨便是自己潜逃的最好掩护，或许那些守夜的金兵，借躲雨歇下了也不是没有可能。即使运气太差被逮住了，大不了一个死！心念及此，他在黑暗中站起身，紧了紧衣束，悄悄掀开帐门，闪进了雨夜中……

事实证明，曹勋这人真的是历史的幸运儿！他以自己的勇气和智慧，潜逃成功。

按照早已想好的逃跑方向，大约一个时辰后，他居然一口气向西跑到了西山（今太行山）脚下。黎明时分，雨已停了，他躺倒在一块石头上大口喘气。他累得几乎虚脱，也不知道下一步该往哪里走。仰望天空，有星闪烁。估摸那星星的方位，他忽然想起那两个金兵聊起的那个“天堂”。

一份具有法律意义的重要“情报”

建炎元年（1127）七月二十八日，赵构的应天府行在所[1]门外，突然来了一位衣衫褴褛、眼眶深陷，浑身肮脏不堪的男子。他以一种刻意沉着的语气，向门卫一字一句地自报家门。

他就是从金营中潜逃而来的曹勋。他从燕山、太行山一路向东南方向行走，昼伏夜行、风餐露宿、跋山涉水，躲过了州县大路上的金兵，避开了荒郊野岭中的草寇，一双肉脚硬是走了近三个月时间，终于在应天府找到了“组织”，找到了赵构的行在宫室。

听到有来自太上皇的消息，赵构急忙召见了曹勋。

曹勋从怀里摸出一件经过精心折叠的衣服，捧给眼面前这位20刚出头的年轻皇帝。这衣服，正是近三个月前太上皇赵佶说要浆洗而交到曹勋手上的那件夹绢背心！赭色也表明了这件衣物非皇帝穿用不可。那衣领子已被拆开，露出了一小块也是被精心折叠过的白绢，赵佶亲笔书写的八个字赫然其上：

“可便即真来救父母！”

①也称“行在”，皇帝出行中的驻地，逗留时间较长的可称行都。

“即真”就是即皇帝位，也就是说，俺们赵家实在没人了，就你老九一个人幸免于难，所以你赶快继统大位，想方设法搭救被俘的老爸老妈吧！赵佶这封信的核心意思是后四字，俘虏生活猪狗不如，哪是人过的？就盼着尽快有人搭救，逃脱苦海啊！

——这么重要的一份“情报”，也是具有法律意义的亲笔御旨，竟然被太上皇的一个小人物，从戒备森严、插翅难飞的绝地中走透出来，妥妥地送到了赵构这个唯一的赵宋王朝继承人的跟前，太传奇了！成就这一传奇的关键，是曹勋忽然唤起的历史使命感，当然也有那个千户“糙哥”在一旁的“神助攻”，谁叫你眼拙啊！

可是现实又很“骨感”，在赵构眼里，太上皇御笔写下的这“八字方针”被拦腰打了个对折：注意前四字，这才是眼下需要画重点的关键所在。

本来这大宋的皇位再怎么着，也绝对轮不到你赵构头上，你算老几啊？可现在“旧戏”彻底谢幕，“新剧”正式开锣。这前四字意味着，俺可以高光亮相历史的舞台，俺这皇帝身份具有十足的合法性，货真价实，绝对可靠。从今往后，天下一切对俺不着调的非议可以休矣！

而后面那四字算是个“备忘录”，需要俺时时莫忘记，太上皇还有俺兄长赵桓，眼下正在那遥远的地方。虽然俺绝不做不孝子孙，但救命的事儿也不是说说就能搞定的，与金人死磕可行吗？本钱在哪里？总之，这事没那么容易！

事实上，他赵构后来要在 15 年后，用议和的办法，才把自己的生母从金国“救”了回来。曹勋也参与了这事，功劳不小。赵佶包括赵桓，都很不走运，至死都没见着一线的获救希望。绍兴五年（1135），赵佶因不堪精神折磨而死，只活了54岁。不过，赵佶的棺木和遗骸，最终给弄了回来，也算是魂归故国。此是后话。

赵构此刻面对这个“八字方针”，内心难以言状，却让人看到了两行滚滚热泪。他一边涕泣，一边当场就把这份太上皇手书递给边上的几位大臣传阅。这来不及拭去的眼泪中，包含了激动，也包含了对永隔天涯的父兄的伤痛，充满了感动和悲恸之情。

金人眼中的“天堂”是个“战略目标”

今天曹勋的到来，对于赵构来说像是天上掉馅饼了，实在太重要、太让人高兴了！他真想早点儿下班，回到后宫庆祝一番。

但对曹勋来说，这找“组织”的过程太艰辛了。他说自己濒临绝境、险成“烈士”的遭遇，竟有上百次之多。这话说得夸张了点，但可以想见他九死一生的惊险。今天能够面见新皇帝，他的话盒子一打开就收不住了，眉飞色舞地说了一两个时辰，愣是把年轻的皇帝搞得有点烦了。赵构坐也不是，走也不是，尴尬死了，最后还是没忍住，叫他先回去换换衣服洗洗澡，补充补充能量，等休息好了再说事吧，将他打发走了。

可现在的曹勋哪能这么容易被打发？绝处逢生的他工作热情急剧高涨，回去后一点不闲着，而是开动脑筋，把近四五个月来看到的、听到的、想到的种种，细细捋了一遍，弄出一份“观察与思考”，一家伙搞出“十大要事”汇报材料，又来找赵构了。

赵构耐着性子听曹勋汇报。前面几件事，什么割地称臣行不通、要勠力与金人死战啦，什么黄河守备须加强、

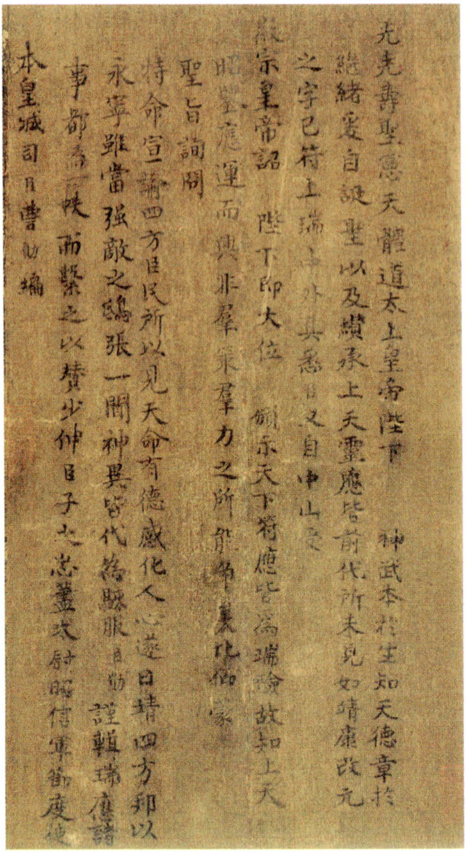

南宋萧照《中兴瑞应图》题头曹勋的墨迹，写于“靖康之变”三十多年以后，再次提到当年徽宗赵佶亲笔要求赵构即皇帝位的事。
上海龙美术馆藏

要选派精兵强将镇守啦，他觉着曹勋说得不怎么着调，这些谁不知道啊，用得着你大谈特谈？但曹勋后来说到的一事，倒是引起了赵构的关注。

曹勋说：“俺在金人营寨时，暗地里留意他们的一举一动，就觉着金人已经看中了俺们的一个地方，觉着这地方对他们来说一定有利可图。”赵构问是啥地方，曹勋道：“是俺们的苏杭江南。因为他们聊天时有一句话刮进俺耳朵里，说是‘上界有天堂，下界有苏杭’。”曹勋见赵构眼睛一亮，便继续说：“以俺的判断，金人以后绝对会瞄着浙江杭州进兵的。”

曹勋在这里转述的金人的“天堂”说法，便是著名谚语“上有天堂，下有苏杭”最早的版本。这句话在今天世界上华人圈里，已是耳熟能详了。不承想，它最早却是出自金人之口。

仔细分析曹勋当时向赵构传达的这段话里，有三个重要信息：

其一，金国现在的胃口非常大，他们并不满足于“靖康之变”中向宋朝索要的河北地区，其眼光早已跨越了中原地区，将理想目标指向了更为富裕繁华的江南地区；其二，金人的口口相传，透露出江南这一战略性的目标范围又可以缩小到苏杭地区；其三，以曹勋自己的揣测，金人最想要去转一转的“天堂”苏杭地区，又可以进一步精确到杭州一地。

杭州，一个已经令金人垂涎三尺的终极目标！

曹勋官不甚大，但还是很厉害的，这收集信息和分析信息的本事为赵构捎来了极具价值的战略情报，而“江南”以及“杭州”应该就是这份重要情报的关键词。

然而，赵构对这个事关敌手战略目标的重要情报，似乎并未引起警惕，只把它看作金人或许有的一个“小目标”，却因此看到了自己未来行动的一个重要方向，把杭州作为行都最终落脚点的一个备选地。

公元 1127 年，北宋在“靖康之变”中惨遭灭亡，一个经济、文化和科技空前昌盛的时代，陷入了一个被野蛮“打断”的绝境。在此“节骨眼”上，在关乎一个王朝命运和一种文明进程的历史性选择时，杭州，一个原本地处东南一隅的城市，却以一个“天堂”誉称浮出水面，走到了历史的前台。

『（建炎三年二月）辛亥，金人陷天长军。壬子……帝被甲（由扬州）驰幸镇江府……壬戌，驻跸杭州。』

——《宋史》卷二五

第二章

赵构三迁『户口』，『天堂』起到关键词作用

欧阳修对“东南第一州”的历史性解答

因为曹勋捎来的太上皇御笔，赵构的皇位在法律层面上算是绝对可靠了。但这并不意味着它是牢靠的，因为强悍的金人也在虎视眈眈紧盯着它，打算有天将它一举摧毁。

这点，赵构心里非常明白。因此打从即位那天开始，他就一直在盘算着去哪里更为安全。那天曹勋向他汇报工作时有个细节，就是当曹勋说到“上界有天堂，下界有苏杭”时，他的眼睛闪亮了一下。这是为啥？因为曹勋提到这苏杭的“天堂”意象，让他联想到了自己爷爷的爷爷仁宗皇帝，曾讲到的“东南第一州”那桩事。

嘉祐二年（1057）九月，龙图阁直学士、尚书吏部郎中梅挚向仁宗赵祯打报告，请求外放出任杭州地方长官。

这件事的背景是，那些年两浙地区灾荒不断，民生国计堪忧。而梅挚因为曾在苏州为官，了解东南地区实乃大宋的经济根本，朝廷与契丹维持和平的“北事”也好，与西夏拉锯争战的“西事”也罢，很大程度上都得依赖江南赋税的支撑。

另外，梅挚长期从事财经事务，太知道杭州经济对大宋的举足轻重。别的不说，就早些时候天圣年间（1023－1032，仁宗赵祯年号），杭州的商税和酒曲税，均超过汴京而位居全国第一。所以他便很想去杭州有番作为，也是为皇帝排忧解难。

赵祯对梅挚的自告奋勇非常高兴，马上批准了这个请求。梅挚临行前，从未到过杭州的赵祯给这位爱卿写了首诗："地有湖山美，东南第一州。剖符宣政化，持橐辍才流。暂出论思列，遥分旰昃忧。循良勤抚俗，来暮听欢讴。"

这首诗的意思简单说来就是，杭州是个山清水秀超好的地方，论城市风貌，至少在大宋东南地区算得上是头块牌子了。你现在离开俺身边去那里历练，可要为大宋的仁政德治努力工作，要为俺做皇帝的分忧解难，俺盼着你的好消息呢！

那时候赵祯每听说有灾变，总要反躬自问，是否仁政有亏、德治缺失，所以特别强调要做好地方上的仁德施政。

皇帝原创一首诗送别和勉励臣下，显得特有文化品位，也让梅挚很激动。到杭州后，梅挚以皇帝诗中的第一句话，给杭州州治（今杭州凤凰山下）衙署内的一座建筑命名为"有美堂"，还意犹未尽，干脆在城内吴山上建了一座"有美堂"。

杭州山水之美自不待言，但赵祯皇帝何以在诗里忽然说出一个"东南第一州"来？

对皇帝的这个赞誉，梅挚并没有自己去深入研究和

吴山“有美堂”遗址东侧太湖石，上刻“州治”，以纪念隋文帝开皇九年废钱唐郡置杭州。

阐发，而是在倾力建好“有美堂”的同时，去请当时文坛领袖欧阳修出手，写一篇《有美堂记》。

梅挚怎么会想到请欧阳修写文章？这位当时的大文豪会点头答应吗？原来，梅挚和欧阳修向来关系不错，这次离京赴任前，欧阳修就写了一首诗与他道别，题目是《送梅龙图公仪知杭州》，诗云：“万室东南富且繁，羡君风力有余闲。渔樵人乐江湖外，谈笑诗成罇俎间。日暖梨花催美酒，天寒桂子落空山。邮筒不绝如飞翼，莫惜新篇屡往还。”

欧阳修在诗中表达了对梅挚出任杭州的艳羡，认为梅挚在富丽繁华的杭州做官，简直就跟归隐江湖似的逍遥自在，同时也期望他在四时游乐、饮酒赏花时，有啥好的诗篇佳作，别忘了及时分享给老朋友哦。可见两人的关系很亲密。

现在梅挚没能写出自己满意的诗文，却因为一个"有美堂"，希望欧阳修先给写篇大作寄来。他想好了，欧阳修的文章一到手，就刻石上碑，碑文书法则请当今书坛大佬蔡襄书写。这样，以大宋当今最杰出的两位文艺大家的手笔，做成这项涉及皇帝的文化项目。

可是，令梅挚深感意外的是，他前后六七次写信或派人去汴京请欧阳修妙笔生花，对方总是婉言谢绝。一晃两年过去了，"有美堂"的这篇文章依然付诸阙如。

到嘉祐四年（1059），梅挚被朝廷另有任用。离开杭州时，他仍然惦记着欧阳修的这篇文章，心想，你这家伙跟我摆什么谱？他再次捎信给欧阳修说，虽然我离开杭州了，但《有美堂记》是你欠我梅挚、欠杭州、欠官家的债，必须还！不然的话，我会一直追着你讨债，直到你答应了。

碰上这么难缠的一个主儿，欧阳修也是没办法，只好答应下来。

其实欧阳修有他的难处。本来像这样比较特殊的文章，欧阳修不但不会推辞，而且还要争取写成一篇精彩之作，就像那篇脍炙人口的《醉翁亭记》，也是他的骄傲。可是《有美堂记》具体又写些什么呢？他曾经想，这"有美堂"建在吴山山顶，是不是可以这样写："所谓有美堂者，山水登临之美，人物邑居之繁，一寓目而尽得之。盖钱塘[①]兼有天下之美，而斯堂者又尽得钱塘之美焉。"意思是说，"有美堂"之所以叫"有美"堂，其中一大原因是它所处的地理位置极佳，在此可以一览杭州最美的风景。

这么写好是好的，但欧阳修总觉得还不够深刻，没有写出一种真正的独特性来。可是他又一时无从下笔。

①指杭州。

吴山“有美堂”遗址，左边碑石上刻有欧阳修《有美堂记》。

这位当时大宋声名第一的文坛巨擘，文章居然也“卡壳”了。这是什么情况？原来，他跟仁宗皇帝一样，也是从未到过杭州。皇帝没来过杭州，却可以根据书本或耳闻写上几句诗，他这篇《有美堂记》却不能依据传闻人云亦云，得有自己的“干货”啊！

所以，欧阳修不敢贸贸然就答应梅挚揽下这篇文章，万一写砸了，自己文坛领袖的声誉受损那是小事，让当今圣上也跟着脸上无光，这事就不好收场了。

可是现在架不住梅挚一而再、再而三的“讨债”，欧阳修只好重新提起笔来，再作思考。

其实也别担心，欧阳修的文坛领袖并非浪得虚名，他写文章的本事大着呢。别忘了，他曾独自撰写了一部《新五代史》[1]。所以，当他重新坐在书桌前，便瞄准了杭州何以成为皇帝所说的“东南第一州”这一问题，转了转脑子，很快便以史家的独到眼光，给出了历史性的解答。

①原名《五代史记》，清代被列为“二十四史”之一。

欧阳修在《有美堂记》中把杭州与建康（今南京）[1]作了一个比较性的分析，说这世上既是四方百货所聚、物盛人众是为一方都会，又兼有山水之美、让人富足优游的城市，只有金陵和杭州这两个地方。然而这两个地方在五代时，都趁着天下大乱而自立为王（指南唐国和吴越国）。大宋立国，天下归一，但南唐却很不服气，结果被一场战争给灭了。所以，如今的金陵城，是一片战后的残破景象，叫人看得心生凄凉之感。

吴越国却不然，五代时始终尊奉中原王朝为正朔，最终纳土归宋，和平统一。所以你今天再看这座城市，人居建筑华丽，山水风景绝美，而且百姓富裕安乐，四海舟船往来。可见，杭州成为一座繁华城市，自有道理。而这座"有美堂"，它的"有美"确确实实有其独特之美，美的背后有自己独特的历史文化内涵。

欧阳修像（清殿藏本）。台北故宫博物院藏

①北宋时一度称江宁府，南宋时称建康府。两宋时欧阳修等文人大臣又习惯称之为金陵。

《有美堂记》解答了仁宗皇帝“东南第一州”的命题，这便是吴越国三代五王为杭州的繁荣奠定了基础。文章反映了杭州当时的城市美丽、生活精致、交通发达、贸易兴盛的一个全景，所谓“东南第一州”的杭州，不仅是东南的经济中心，也是美丽宜居的首选城市。

当然，我们并不能按照欧阳修说的去认定建康府就没有发展进步了，而且到北宋末年未必仍然是一片“颓垣废址，荒烟野草”，但相比杭州，给人的印象总归要逊色一些。

就杭州的城市地位，事实确如欧阳修《有美堂记》所说，在当时城市美丽、生活精致、交通发达、贸易兴盛。杭州在酿酒、丝织、版印、造纸、造船、制扇和烧瓷等很多方面，均有上佳表现，对大宋的经济社会发展贡献非常巨大。

你比如说，因为有一方西湖水，杭州酿酒产量非常大，官府通过对酒的专营专卖制度，在酒税上获利也极大。神宗熙宁十年（1077）之前，杭州酒税在 30 万贯以上，在全国酒税收入中名列前茅。苏轼在杭州任知州时，为疏浚西湖而上奏的《乞开杭州西湖状》中也称：“天下酒官之盛，未有如杭者也，岁课二十余万缗[①]。”美酒也是杭州的特产，在给这个城市老百姓带来幸福感的同时，也大大增加了财政税收。

再比如说，杭州在五代时丝织业冠绝全国，但凡最精美的丝织品，肯定出自杭州的官营织锦工人之手。北宋时以杭州为中心的两浙路又成为全国丝织业的重心和上贡丝织品的主渠道。太宗至道元年（995），宋朝在杭州设置了“织务”官衙，专门管理与收购本州及附近州县的丝织品，每年收购绢数高达 25 万匹，占浙东七州的

① 缗，音 mín，古代用以穿铜线的绳子。用作计量单位，与“贯”同义，如一缗即一贯（一千钱）。

李侯始也三年二月二十有四日廬陵歐陽脩記

有美堂記

嘉祐二年龍圖閣直學士尚書吏部郎中梅公出守于杭於其行也天子寵之以詩於是始作有美之堂蓋取賜詩之首章而名之爲以杭人之榮然公之甚愛斯堂也雖去而不忘今年自金陵遣人走京師命予誌之其請至六七而不倦予乃爲之言曰夫舉天下之至與其樂有不得而兼焉者多矣故窮山水登臨之美者必之乎寛閑之野寂寞之鄉而後得焉覽人物之盛麗夸都邑之雄富者必據乎四達之衝舟車之會而後足焉蓋彼放心於物外而此娱意於繁華二者各有適焉然其爲樂不得而兼也今夫所謂羅浮天台衡嶽廬阜洞庭之廣三峡之險號爲東南奇偉秀絶者乃皆在乎下州小邑僻陋之邦此幽潛之士窮愁放逐之臣之所樂也若乃四方之所聚百貨之所交物盛人衆爲一都會

而又能兼有山水之美以資富貴之娱者惟金陵錢塘然二邦皆僭竊於亂世及聖宋受命海内爲一金陵以後服見誅今其江山雖在而頽垣廢址荒煙野草過而覽者莫不爲之躊躇而悽愴獨錢塘自五代時知尊中國効臣順及其亡也頓首請命不煩干戈今其民幸富完安樂又其俗習（一作習俗）工巧邑屋華麗蓋十餘萬家環以湖山左右映帶而閩商海賈風帆浪舶出入於江濤浩渺煙雲杳靄之間可謂盛矣而臨是邦者必皆朝廷公卿大臣若天子之侍從又有四方遊士爲之賓客故喜占形勝治亭（一作臺）榭相與極遊覽之娱然後其於所取有得於此者必有遺於彼獨所謂有美堂者山水登臨之美人物邑居之繁一寓目而盡得之蓋錢塘兼有天下之美而斯堂者又盡得錢塘之美焉宜乎公之甚愛而難忘也梅公清慎好學君子也視其所好可以知其人焉四年八月丁亥廬陵歐陽脩記

宋欧阳修《欧阳文忠公集·有美堂记》。宋庆元二年周必大刻本，国家图书馆藏三分之一强。两浙路上贡的丝织品又占全国总额的三分之一以上。

“东南形胜，三吴都会，钱塘自古繁华”。杭州的繁华早已有之，历久弥新，“天堂”之誉堪称实至名归。

钱俶的一场盛宴，尴尬了大宋第一学士

现在赵构眼里，这"东南第一州"不就是"天堂"的另一种说法吗？而作为赵佶贴身秘书的曹勋，想到的却是另一个人，是他对杭州发明了"天宫"的比拟，远比现在金人说的"天堂"要早得多，而且现在很多东京人都知道这个形容。

这人叫陶穀，是仁宗的祖辈太祖皇帝赵匡胤朝中的一位翰林学士，以博学著称，还写得一手漂亮文章。

那会儿赵匡胤刚黄袍加身，在与后周小皇帝的禅让仪式上，心里正得意呢！可他忽然想起，这新旧皇帝的"交接班"，理该有一篇昭告天下的堂皇文章，现场诵读了，才有十足的仪式感啊！可是才刚做上皇帝，没经验，把这茬儿给忘了，现在发现缺了如此重要环节，这场面就有些尴尬了。关键时刻，陶穀不紧不慢从袖口里拿出一篇稿子，说是这禅让文字早写成了，叫人念了就是。

陶穀这种超人的预见性让人佩服至极，加上学问才气和文字功底，使得赵匡胤这场皇帝"处子秀"演得十分完美。这也使得陶穀在大宋开国之初，被称为天下第一学士。

然而，就是这位陶大学士，却在吴越国首都杭州，碰到了令他着实尴尬的事儿。

还在后周显德五年（958）三月，陶穀就曾出使过吴越国，代表后周皇帝郭威向吴越国王钱俶颁赐御衣、金带、战马、器币等物。到了赵匡胤即皇帝位后，宋朝恩赐给钱俶的礼物仍然是这类东西，变化不大，数量不多。譬如说，开宝二年（969）秋八月，宋朝遣使赐给钱俶的生日礼物是：御衣、红袍一套，金锁甲一副，及驼马百头。但钱俶的回礼量大而贵重，譬如一套越州（今浙江绍兴）烧制的“秘色瓷”，碧色清雅，润泽类玉，堪称稀世之珍，你那些衣袍、铠甲什么的，也太俗了吧！但那也没办法，因为在半个多世纪里，中原北方来来回回都换了五个朝代了，这场子砸得太稀碎了，早成了烂摊子，哪能跟三代五王一以贯之保境安民的吴越国相比？

开宝三年（970）三月，这回轮到陶穀再次出使吴越国。

钱俶此时想要结好宋朝，对他异常优待。先是投其所好，在笔墨文章上给陶穀一个显摆的机会。你不是翰林学士吗，正好钱俶平时也喜欢写写诗，积攒了数百首作品，弄了一本诗歌集叫《政本集》，就请陶大学士作个序，和几首诗，也让他好好秀一把学士风采。

接下来的宴请，隆重安排在风景如画的凤凰山下吴越王王宫里。

正是春暖花开时节，钱俶在精巧的“碧波亭”园子中，摆出了一席令陶穀闻所未闻、见所未见的盛宴：清一色水产鱼鲜，江、河、溪、湖、海，无所不有；盛放这些珍馐佳肴的各色器皿多达上百件，加上光灿灿、亮堂堂的酒具，金、银、玉、瓷、漆，无所不备。

明人唐寅《陶穀赠词图》局部。台北故宫博物院藏

更绝的是，还是春季里，吴越国宫廷大厨居然能做出螯蟹一类自带漂亮"盔甲"的美食，且有十多种，虽然个头各异，但一水儿的天然甲衣红亮鲜明，妥妥地排成"一字阵"，威武之气比你宋朝皇帝赐予的那个单套独副的金锁甲亮眼多了。

这饭局叫陶穀很尴尬。为啥呢？

陶穀向来自命见多识广。赵匡胤当皇帝后，出行想要摆出皇帝那套卤簿大驾仪仗队。可那会儿中原一带长期战乱不休，皇帝车辇这些虚头八脑没啥大用的物事早灭绝了，没地方去找。但忽然有一天，陶穀帮赵匡胤圆了卤簿大驾的梦。陶穀花了几年功夫研究，画出了各色辇车、乘骑装束、仪仗旗帜等图样，叫人依样画葫芦精工细作，竟然完美复原了绝迹多年的整套卤簿大驾来，让赵匡胤心花怒放。

当然，在皇帝面前陶穀显得很谦虚，说自己没啥大的本事，只不过是照搬照抄前人文献上的图样罢了，还随口吟诗自嘲说：“堪笑翰林陶学士，年年依样画葫芦。”

但眼前钱俶摆下的这一大桌子虾蟹鱼鲜，很多品类陶穀都是第一次看到，根本闹不清它们姓甚名谁。更令人惭愧的是，陶穀自称食蟹上瘾，可在自己面前一字排开的十多个盘子中，乍一看都属于“无肠公子”一族，细看之下却各不相同，自己能叫上名的才寥寥几个。

钱俶见他有些难堪的样子，便拿起筷子，点着盘子一一介绍。从个儿大的开始，是海里的梭子蟹，学名“蝤蛑”[1]；这个是江里的，这个是河里的，还有这个是在湖里的；最后介绍到一种螯足无毛、淡红色小螃蟹，学名唤作“蟛蚏”[2]，两个字应该这么写……

陶大学士无形中被钱俶上了一堂“自然课”，脸上挂不住了：俺可是大宋使者，正经翰林学士，居然在你这蕞尔小邦被这般“循循善诱”，太失面子了！不还以颜色，那便是严重的邦交失礼，回去以后俺还怎么混啊？他见这十多种肥蟹从大到小依次排开，脑筋一转，以一种嘲讽的口吻道：“俺看大王这桌大菜啊，真是一蟹不如一蟹。呵呵！”

钱俶没想到酒菜都没一动，就被陶穀不讲情面地冷嘲热讽，非常不爽，但又不好发作，只得含含糊糊对付过去。

宴会正式开始。这时候双方都暗自较上劲了，要给

①蝤蛑，音 qiú móu。
②蟛蚏，音 péng yuè。

对方一点颜色看看。钱俶举起一尊白玉酒杯向陶穀敬酒，遥指“碧波亭”说：“白玉石，碧波亭上迎仙客。”表面上对陶穀很尊敬，却将“碧”字拆作“白玉石”，出了一道上联。

陶穀挺机灵的，知道像今天这样的宴席上，主人行下的酒令你要是答不上来，罚几杯酒那是小事，但造成有失大宋颜面和他学士身份的后果，回去后就没法交待，那是要被严厉追责的。于是，只见他叉手向北一躬身，几乎是张口就来：“口耳王，圣（聖）明天子要钱塘。”陶穀真不愧是大宋第一学士，不但对得天衣无缝，还摆出盛气凌人的架势，简单粗暴得肆无忌惮，钱俶被压得一时无言以对。

暗布鳌阵遭讥讽，行出酒令亦下风。钱俶的两次争胜伎俩不灵，非但没有打去对方的张狂之气，还自取其辱，这叫钱俶咽不下这口气。恰在这时，厨子奉上了一道开胃羹，用半个精雕花样的葫芦做汤盆，显得别出心裁。

钱俶像。来源：钱文选《钱氏家乘》

陶穀一直生活在烽火连天的中原地带，经常是有口饭吃就很不错了，哪见过如此细巧精致的做法，惊讶新奇得忍不住竖起大拇指，大大地称美了一番。

钱俶却是淡淡一笑，道：“大学士过誉了！大学士可能有所不知，这道‘葫芦羹’还是在先王武肃王[1]时候，就已创制成品了，也是先王常用的美味。今天庖人虽然用的是最新鲜、最地道的食材，烹制上却不过是‘依样画葫芦’罢了，不足挂齿哦！”

陶穀闻声一愣，想要声辩，却张口结舌，竟然意外“哑火”了。原来钱俶这次分明是拿陶穀自嘲的那句话“年年依样画葫芦”，来“堪笑”你陶穀枉称第一博学大才子，却连我吴越国五十年前就有的一道普通汤羹，也当作了稀罕之物赞不绝口，这么没见过世面，羞也不羞？钱俶这招很有点“以子之矛，攻子之盾”的味道，令陶穀顿时词穷字尽，噎住了。

这场盛宴中的“文斗”最终以钱俶的胜出而收场。

隔了两天，钱俶捎信给使臣下榻的四方馆里的陶穀，说是近来为了恭迎天使您的光临，敝国用黄金打造了一批类似酒盅的金盅酒器，打算设一场豪阔的“金盅宴”，还请陶大学士赏光。

陶穀聪明人啊，知道这一定是钱俶在使坏。新整一批黄灿灿、亮闪闪的金盅搁宴席上，那不是在向大宋显摆炫富嘛！而且那肯定是以金盅为罚杯，早已挖好了“坑”，就等你跳呢！上次已经吃了亏，俺还能重蹈覆辙吗？于是，他干脆托病不出，却又让人带话给钱俶，说是不能亲赴大王的“金盅宴”，很是遗憾，但又心向往之，恳请大王能送我十副金盅，让病中的俺开开眼也

①即吴越国第一任国王钱镠。

好的。

钱俶很大方，立马叫人将十副金盘送到四方馆。没几天，陶穀匆匆结束行程回朝了，顺便也将这些贵重金器揣走了，吴越国之行总算也不亏。

或许是因为这场争胜，令钱俶和陶穀双方都有了"换位思考"。钱俶认清了宋朝的强势与天下归一的大势，以致最终走向了纳土归宋的结局。而陶穀也真切地看到了江南这方土地的富庶与文明，并如实把这一历史写进了他的著述。

陶穀写有《清异录》一书，讲的是唐、五代时的逸闻轶事，却以他翰林学士的博学多才，创造性地用了很多新奇名称来形容笔下的人事风情，别具一格。

其中有一条"地上天宫"称："轻清秀丽，东南为甲；富兼华夷，余杭[1]又为甲。百事繁庶，地上天宫也。"意思是说，东南一带是普天下最为清秀漂亮的地方，这其中又以余杭最为富庶繁华，简直就是人间"天宫"——这也是名谚"上有天堂，下有苏杭"最早的由来。

陶大学士这一说，很多东京人都知道了杭州是天下最富丽的地方。而从"天宫"到现在的"天堂"，这不就是一个意思吗？曾有南宋人怀疑《清异录》是宋初有人托名陶穀写的。此言无论是与否，"天宫"杭州是天下最富丽的地方，这应当是北宋初年宋人的"集体意识"。

还有，陶穀这"地上天宫"先拿"东南"做铺垫，继而称赞杭州的出类拔萃，与现在曹勋报告中的那个先"江南"而及"杭州"的叙事逻辑，竟然也是一模一样。

①指杭州。

赵构恍然大悟！其实今天曹勋报告的金人“天堂”一说，并非空穴来风。“天堂”不是一天建成的，它初成于吴越国时，陶大学士早有定义。只不过经过大宋一百六十多年来的“添砖加瓦”，杭州还有苏州，已成为普天下的人们，包括那些金国人，最向往的理想生活的城市。

历史发展的进程可以用一个个“标签”来标示其中的特性和特质。事实上，无论是“天宫”，还是“天堂”，或者后来外国人马可·波罗说的“天城”，这所有的传播归结到“上有天堂，下有苏杭”这句著名古谚，形成了中国历史上的一个典型“标签”，它描述和印证着中国历史上极为重要的那一页：中国经济重心向东南的转移。这一历史发展大趋势是从唐代“安史之乱”开始的，到五代时候初步定型，最终到两宋之际基本完成。

这一历史大趋势在客观上，也极大地影响了赵构对杭州的最终选择。南宋定都杭州，既是时也，也是势也。

南渡的逻辑思维：卧榻之旁唯恐他人鼾睡

暂且按下杭州不表，先说说赵构当下面临的处境。

总体看，赵构正面临一个让他坐立不安、心怀恐惧的处境。还在靖康时代，朝廷颁给赵构的头衔是"河北兵马大元帅"，其"户口"所在地是相州[①]。

相州位于东京以北过了黄河的北方。东京城沦陷后，赵构想要"接盘"赵宋王朝，在相州这小地方即位当然是不恰当的。新皇帝得在京城这样的地方隆重登基，方显得正宗嘛。更何况，这时候的河北地区，在赵桓皇帝与金人签订的城下之盟里，已经属于割让给金国的土地，包括相州在内，统统成了"敌占区"。所以，就凭你赵构这几杆枪，想在相州再搞赵宋王朝的"升旗"仪式，纯属找死。

那赵构能去哪里呢？

北宋那时实行的是"四京制"。盘算一下，东京这个大宋首都，也是"靖康之变"的头号是非之地，现在躲都来不及，肯定不能考虑。相州东北方向的北京大名府（今河北大名），其现状与相州基本一样，都是金人

①治所今河南安阳。

的地盘，不能去。西京洛阳，也好不到哪里去，与“敌占区”只有一河之隔，太危险了，谁敢去？只有南京应天府，在东京的东南方向，稍稍好点儿。

于是，赵构南渡黄河到了南京应天府，在这里黄袍加身的同时，也第一次完成了自己行在的“户口”迁移。

但事实上，待在应天府只是个权宜之计，因为这里距离东京、离黄河还是太近，太不安全了！太祖赵匡胤那时的行事“逻辑”是“卧榻之旁岂容他人鼾睡”，可赵构这会儿却是“卧榻之旁唯恐他人鼾睡”，他得找到一个能够安睡的地方。

“四京”待不住，那么普天之下，哪里是安全之地？

现在突然出现的曹勋在报告金人情报时，讲到了“江南”以及“杭州”的概念，使赵构感到了一种不谋而合。

因为在建炎元年（1127）七月十七日，也就是曹勋抵达应天府的十天前，执政大臣黄潜善、汪伯彦已经向赵构提出了“巡幸东南”的主意。赵构当时立即批准，写了一道手诏，打算要往东南转移。

这可是要远离故都、放弃东京汴梁的节奏！另一位宰执大臣李纲当然不从，据理力争，最后赵构不得不收回手诏。

当时东京留守宗泽听闻此事后，上疏的言辞更是不留情面，指出赵构这是听从“奸臣之语”，并直截了当点出赵构在金陵营缮宫室，明着是为了奉养元祐太后[1]，实则是想跑路了。宗泽在此把江宁府这个具体地点也挑明了，把“东南”概念写明确了，也是想引起社会舆论

①即元祐太后孟氏（后改称隆祐太后），哲宗皇后，因被废黜外居，在“靖康之变”中未遭金兵抓捕。

的关注，以堵住赵构的南渡之路。

但是现在，赵构还是从曹勋带来的消息中，敏锐地捕捉到了“天堂”这个概念，并坚定了向东南“转移”的决心。

李纲和宗泽竭力收复故土的主张，受到了黄潜善、汪伯彦等人的嫉恨，也不为赵构所待见。于是，没过多久，八月十八日，拜相只有77天的李纲被罢免，一脚踢出了朝廷。这年十月初一，没有了李纲的“阻挠”，赵构第二次迁移了“户口”，向东南而行，向“天堂”靠拢，将他的行在定在了扬州。

南宋萧照《中兴瑞应图》描写赵构南渡时歇宿在营帐中。上海龙美术馆藏

相比应天府，扬州距离地处黄河“前线”的汴京更远，这使得赵构至少在空间上备感安全。但一年后，赵构感到扬州也不太靠谱了。

金人撤离汴京后，傀儡张邦昌的“大楚”政权不得人心，迅速倒台。在李纲的坚持下，最后张邦昌伏诛于流放地潭州（今湖南长沙）。

打狗还得看主人面，张邦昌可是咱抬上皇位的，你们居然说杀就杀了？金人对此当然不会善罢甘休，从建炎元年（1127）十二月开始，金兵分道南侵，攻城拔寨，在军事上对宋朝始终保持着高压态势。

风声日紧之下，赵构听从御史中丞许景衡的提议，派专人渡过江去，负责修缮有长江天险可据的建康城，给自己留出一条后路。

杭州第一次出现于南宋皇帝的视野中，是在建炎二年（1128）十月十三日。当时北方州县不断被金兵攻陷，形势日益吃紧。侍御史张浚建议，应首先确定皇帝六宫将来的居所，省得万一局势恶化戎马倥偬，却叫后宫人拖了后腿，那才真的是狼狈不堪。

张浚并未说出六宫的去所，但赵构自有安排，他诏令御营都统制苗傅和副统制刘正彦等率兵八千护卫隆祐太后、六宫嫔妃和皇子前往杭州。而此时右谏议大夫郑瑴请赵构渡江去建康府的建议，却未被赵构采纳。

赵构现在自己都不急于走建康府这条后路，并且将六宫不是迁往建康，而是杭州，说明他已意识到，对金战争形势此时此刻正在加剧恶化，在他心目中，杭州相比建康可能更为安全。

十二月初五，隆祐太后孟氏一行人抵达杭州。杭州最终成为南宋王朝的都城，成于赵构的一念之想并付诸实际行动，应该肇始于此时。

只是，赵构自以为万事皆备，却没有料到金兵会来得如此突然，如此恐怖，令他险险步了徽、钦二帝的后尘，并不得不第三次将"户口"作了大迁移。

建炎三年（1129）初，金兵一一拔除了宋朝在河北、山东等地顽强坚守的各个州县后，便腾出手来，集中力量沿大运河南下，击败宋军主力，对付尚在扬州的赵构。

这次金人真的是想弄死他！二月三日，金兵在刚渡过淮河后，就冷不丁祭出一招"斩首行动"，派出一支五百人的轻骑兵，从天长军（今安徽天长）奔袭扬州搞"定点清除"，差一点点就得手了。

太可怕了！金兵的"斩首行动"可怕到什么程度？可怕到赵构惊心动魄，刻骨铭心，从此造成了不可逆转的生理健康问题。因为这天中午，他正在扬州行宫里行床第之欢，金兵袭来的消息骇得他落下了阳痿之疾，从此再无子嗣出生。而眼面前，则直接影响到他对未来行宫落脚点的选择。

赵构仓皇南渡长江后，连续几天，从镇江骑马一路向南狂奔。到平江府（今苏州）时，确认金兵并未渡江追来的消息后，他这才喘了口气。

此时，他已铁了心要把"户口"迁到杭州，至少杭州让他感到比苏州这里更安全。他召来集英殿修撰、提举杭州洞霄宫卫肤敏，想得到一些附议。

可是卫肤敏却倾向于将行在定在建康，说杭州就是个小地方，地狭人稠，区区一隅，并非是理想的都城之地。自古以来，就没有哪位帝王会将它拿来作都城，只有五代吴越国钱氏，没办法了才选择了那里。所以陛下您如果到那儿，根本不可能有前途。

赵构听了顿时脸都拉长了，你的意思是说俺赵构去了杭州，就等于是吴越国的钱镠了？杭州和建康不都是江南地方啊，俺在杭州谋生存、求发展，就不能号令天下、恢复中原啦？再说了，俺历尽艰险好不容易才逃脱金人的魔爪，你又忽悠俺往虎口里钻，什么心态？

卫肤敏一看皇帝这脸色，知道自己的调门不对，马上见风使舵说："为眼前之计考虑，不如还是选择在杭州暂时落脚，看形势好转了再慢慢考虑去建康。"卫肤敏这么自相矛盾的一转圜，赵构这才放下心来，前往杭州的事总算没有节外生枝。

在平江府休整一天后，赵构换乘不用颠簸的交通工具舟船，由运河继续向南进发，经过秀州（今浙江嘉兴）、崇德（今桐乡崇福镇）、临平，终于在建炎三年（1129）二月十三日这天，如愿到达杭州。

仿佛有一种磁石的引力，"靖康之变"后的赵宋王朝的南渡方向，与唐代"安史之乱"后中国经济重心的转移，竟然"相向而行"，一致趋向东南而落脚于苏杭。

这是中国历史异乎寻常的一幕！

赵构在其政权的整个南渡和定都的过程中，充满了惊恐、狼狈、血腥和退怯，择都中的颠簸流离、险象环生，并无数次遭受臣下的质疑和否定，之后他也几度离开杭州移跸他处，但赵构最终还是选择了杭州并立足于杭州，这在客观上接续了一个险险被野蛮暴力打断打烂的绚丽文化，开启了大宋文明新的崛起和发展之路。

『（绍兴二年正月）壬寅，上御舟发绍兴……甲辰，上次萧山县……丙午，上至临安。』——《建炎以来系年要录》卷五一

第三章

建都临安最叫得响的理由：漕运问题不是问题

一个吃饭问题，破了赵构最初的“中兴梦”

这是在绍兴二年（1132）正月初十，宰相吕颐浩陪同赵构皇帝登上了御舟，一起离开绍兴府前往临安府。御舟驶出绍兴城的西门后，吕颐浩长长地吐了一口气，感觉心里的一块石头总算放下了。

赵构定都临安有个摇摆的过程。不是他不想待在临安，而是金兵追杀得太凶，令他不得不四处奔命，差点无路可走。

简要说，赵构即位应天府之后，便开始向东南转移，很长一段时间都住在扬州。一直到建炎三年（1129）二月初，五百金军骑兵突然长途奔袭扬州，赵构抛下扬州军民紧急大逃亡，抢渡长江到了镇江，又一路南下，在二月十三日到了杭州。还没喘上口气，三月份突发的“苗刘兵变”又差点要了他的命。

四月份赵构成功“复辟”，之后也作了反省。自从他即位皇帝那天起，朝野要求他北上收复故土的呼声，和他此后日益向东南地区“转移”的行迹，两者始终处于一种背向矛盾的状态。鉴于这一味逃命的熊样也是引起这次兵变的一大原因，他在五月份离开杭州北上建康府，表示了抗金决心。七月，杭州地位被升级，改称临安府，表明了他对杭州的看重，至少心里是有想法的。果然，十月初八，赵构又返回临安，打算就住下去了。

可是计划没有变化快！赵构这趟出行回来，在临安才住了七天，忽然得到金军已经过江尾随而来的情报，便再次开始亡命天涯。他渡过钱塘江，向浙东逃亡。十二月，金国名将兀朮[①]率领的金兵攻破临安城。之后金兵沿着赵构的踪迹一路穷追不舍，一直跟着追下了东海。可不习水战的金军到了海里，战力顿消，终究无功而返。

再看赵构，一路海漂到了永嘉（今浙江温州），这才落帆泊岸，重返大陆。次年即建炎四年（1130）二月，金军自临安北撤。两个月后，赵构见金人不再继续追杀，便返回到了越州（今浙江绍兴）。

到越州后，赵构心有余悸不敢再往北走了。先是将来年的年号改作“绍兴”，取义“绍万世之宏休，兴百王之丕绪”，一句话，就是想要承续大宋的中兴大业。第二年绍兴元年（1131）十月二十六日，又将越州升为绍兴府，摆出了要在此地中兴大宋的架势。他觉得越州也很好啊，这地方古称会稽，大禹时就是九州之一扬州在江南地区的中心地块，一直到隋唐时期，历史上的地位比杭州更优越。

可是赵构的做法让吕颐浩十分不满，觉着你皇帝逃出临安时文武百官都作了鸟兽散，现在两年多过去了，各路封疆大臣、各地守臣军民很多人都不知道这朝廷还存在不存在了。你现在不想着尽快联络天下，招徕民心，重拾信心，恢复中原，却打算在浙东一地安家落户，还要打出立志中兴的幌子，这不是天大的笑话吗？再说了，

①汉名完颜宗弼

北宋张择端《清明上河图》中的漕船。故宫博物院藏

五代时期吴越国建都杭州，越州的区域地位早被杭州取代了，你现在还要翻那些“老皇历”，有意思吗？但他一时也想不好用啥更恰当的理由叫赵构改变主意。

恰在这时，户部官员来报，由江西转运使负责上供绍兴府的三纲[1]粮船，又未按时发运，若再这般拖延漕运，绍兴城里上至官家，下至臣民，早晚都得喝西北风了。吕颐浩听说后，心里忽然有谱了，只说了一句“知道了”，便打发那官员走了。

吕颐浩从江西粮船的误期，想到了半年前绍兴府官员曾经吐槽，说是官家驻跸绍兴后，除了后宫眷属之外，还有随从大小官员、内侍杂役、禁军护卫一大帮人，每天吃喝拉撒开销极大，靠绍兴府一地之力根本供给不上。

还有，把行在搁在绍兴城，朝廷每逢重要时节，总有盛大活动要张罗。譬如明堂朝会、祭祀之类的大典活

①每纲十艘船，每船载运五百石，一石等于十斗。

动，按照礼部的典章规矩，这里面礼仪繁缛、铺陈宏大，开销非常巨大。

曾有江南招讨使司随军转运使詹至上奏，说是当下朝廷各官衙财用匮乏，手头短绌，前线各路将帅又百般讨要军饷，大家伙儿头发都愁白了。詹至说，眼下大敌当前，前方吃紧，这祭拜祖宗与厉兵秣马相比，孰轻孰重，那是明摆着的事，像这些礼仪大典是不是可以暂时消停一下，把这点可怜钱真正花在刀刃上，保证前线将士们攻有所得，守也有成，这样才能真正告慰列祖列宗的在天之灵。

詹至说的都是实情，现在都什么时候了，还在咿咿呀呀玩虚的，再这么不识时务地玩下去，大宋肯定玩儿完。于是朝廷委命浙西和江西的各州漕臣加紧征集赋税钱粮，把供给绍兴府的漕运之事作为头等大事来抓。

可是，各地在具体执行这道命令中，却颇费周章，大叹苦经。

首先是浙西一路叫苦连连。辖区杭嘉湖平原盛产粮食，民风勤实能干，向来是国家的赋税重地。可是漕运纲船沿运河抵达临安府后，却碰到了运河水位要比钱塘江低的现实问题，粮船过龙山闸进钱塘江就像要迈过一道高高的门槛，费时又费劲。等到船入钱塘江，还得提防凶猛的大潮将你一口吞噬，那时潮水打翻舟船的事儿常有发生，都不叫新闻了。纲船好不容易渡过江去，又得从西兴渡口将货驳运到浙东运河中的船上，再费一番周折。

进入钱塘江南的萧绍平原，船运该没问题了吧？错！这里的麻烦更大，大到让人望而生畏。

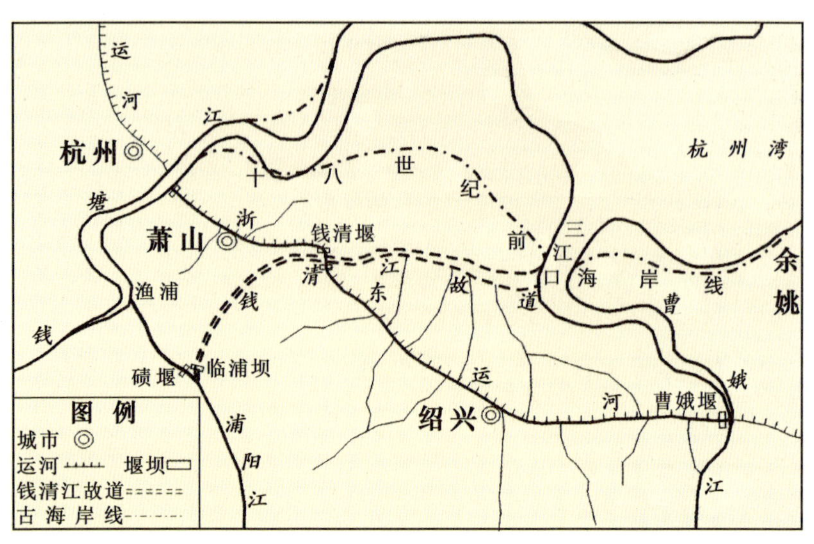

萧绍平原浙东运河和钱清江故道示意图。据李云鹏等《三江闸及其在浙东运河工程体系中的地位》插图重绘

浙东运河向东南过萧山县境后，有一小段呈南北走向。就在此处，从诸暨方向过来的钱清江[1]，东西向横贯运河。谁承想，浙东运河水位竟然高出钱清江一丈[2]左右！于是为了保证浙东运河的正常水位，阻止河水泻注钱清江，在运河交叉钱清江的南北两端，均修筑了堰闸。大船由河过江就得将载货驳运到小船上，再由小船载货入堰，还要等待从东而来的潮水抬高钱清江水位与运河水位相近时，这才打开闸门过江。即使如此，江河水位之间的落差还是造成了此处水流的复杂多变，湍急奔涌异常凶险。

凶险到什么地步？它能叫你崩溃了！半个世纪后赵构去世，孝宗淳熙十六年（1189 年）三月，他的棺木由浙东运河船运绍兴府永思陵入葬，路经这里过堰渡江时，因为水流实在汹涌，一度船只失控，导致船上棺木受损，吓得负责船运的地方官差点跳水自尽。这是后话。

①明清时称西小江，东至绍兴三江口入海。
②约三米。

乙卯晴朝隔訖行三十五里至白鶴橋食頓又十五里至錢清北閘尚早先次晡隔訖閘俟潮應錢清江者東自三江口來（三江口海之浦也浦分三道左由斗門入曹娥江中爲錢清江右爲錢塘江）西過諸暨約三百（院本作十）餘里闊十餘丈運河午貫其中高於江水丈餘故南北皆築堰止水別設浮橋渡行旅大舟倒剝載小舟則拖堰而過往歲紹陵之役南北爲閘俟潮水與運河適平乃啓閘橫絕至是（院本作至於誤）雖强爲閘而沙泥易壞運副趙不流初議盤剝無何頓遞使洪邁前奏恐內人等登車暴露但當減節閑慢之舟（院本作閑泛舟）上徑批依紹興帥張杓深憂梓宮涉橋危雖頗拆民居陰爲之備終不敢任責至是潮水平漫日暮猶低四尺漕遷延不敢開閘杓

思陵錄下

窘甚啓餌御舟篙梢乃以爲可過漕令責狀舟人笑曰疎脫立死何以狀爲於是與主管官內侍都知劉慶祖等議止放梓宮船闖開水勢奔注久之方稍緩兩岸以索牽制令水手扶輿而過將達南岸而大舁輂不受約束相繼而往微觸御舟頼篙梢善其事遂得入閘舉舟不能入橫於南岸冊寶又往江流湍急舟人力不能加直衝其腰膂幸避不損爾既而虞主亦來江水滋急復衝冊寶腰膂勢尤可畏不流頓足垂涕幾欲赴水予約蕭參及宇文步導梓宮舟至錢清鎮宿頓冊寶幸無他惟腰舁脚并竿杖各損其一乃招帥漕令語劉慶祖具奏慶祖等初不知其詳欲抹殺其事予不可竟以奏夜宿薛氏店

周必大记载赵构灵柩船运绍兴，在过钱清江堰闸时险遭不测，护送官赵不流为此差点跳水自杀。《庐陵周益国文忠公集·思陵录》下，清刻本

浙西漕运困难重重，江西一路也大倒苦水，因为近年来屡遭兵燹，自身难保，哪有余力周济你绍兴府？

就近漕运难济，朝廷便舍近求远想到由东南沿海闽、广、温、台一带转运钱粮。沿海地区有钱有粮有船舶，绍兴地方官说了，沿海过来的可都是大海船，每船可载运一千石，一个批次三纲船运就能运来三万石粮秣，足够绍兴府全城人口过上十天半月的。

可有一点，那些满载重物夯货的海船拐进钱塘江后，因为江道多有砂碛浅滩，根本无法溯江深入，只能在余姚县江边停泊，然后得雇人卸货、驳运到适合内河航运的船上，再经曹娥江到浙东运河，翻堰过闸，辗转运抵绍兴府。绍兴官府嫌这么干太麻烦，向朝廷诉苦说，本

府没那么多的运粮船，没法儿及时为海船卸运钱粮，由此造成大批海船时不时滞留在江上，延误物流运期，我们也没办法。

你想那些海船从闽、广海域远航而来，颠簸于风浪里，搏命于海涛中，千里迢迢来一趟已经很不容易了，现在总算将钱粮送到您家门口了，却是“门外汉”一个，死活进不了城，多憋屈啊！任谁都不想干了。

吕颐浩宣和年间曾在宦途中客居东京城，知道汴河漕运对于大宋京城长治久安的重要。但他没见过这个绍兴城，周边各条江、河、海“脾性”各异，互不通融，任你是从上游运粮，还是从下游调粮，都是磕磕绊绊，大费周折。长此以往，就这一个漕运问题，朝廷就得关张。

于是，吕颐浩及时向赵构进言，说现在国运艰难，中原隔绝，官家想成就中兴大业就得有诚心，得干实事。赵构问，俺怎样才算是有诚心了？吕颐浩说，当务之急应当先明确了行在驻跸之地，使朝廷号令畅通天下。现在咱们窝在浙东，号令阻绝，漕运更是不便，这小日子也没法过了。如果再不移跸，人心散了，中原绝望了，真到了那一天，天下形势岌岌可危，金兵再来时咱就追悔莫及了。

这老吕从收复中原的抗金大道理出发，提出要站在一个更恰当的地理位置来号令天下，实现中兴，顺便也带出绍兴本地漕运梗阻的现实问题，其着眼点无可挑剔。对赵构来说，抗金与否看风头形势，进退之间还是可以商量的，但这漕运就由不得你了，一旦遇到瓶颈卡脖子的状况，糊口都成问题，那是要出大事的，没有商量余地。

赵构终于听从了吕颐浩的劝谏，在十一月五日下诏称："绍兴府驻跸日久，漕运艰梗，军兵薪水不便，可移跸临安府。"把行在搬回临安，这事就这么定了。绍兴二年（1132）正月初十，在吕颐浩的陪同下，赵构登上御舟离开了绍兴城。正月十二抵达萧山歇宿。正月十四回到了临安城。

当绍兴难以承担起南宋朝廷"吃口"重负时，杭州再次站到了历史的"前台"。两年前，因为金人的砸场子，第一次走上大宋历史"前台"的杭州还来不及一展身手，便被甩在了幕后。如今，赵宋皇帝的脚步再次踏上了杭州这方土地，从那一刻起，这个原本在北方人眼中地处偏远的城市，是否真的能担当起历史的重任，以一个主角的身份惊艳天下呢？

凤凰山“乌鸦嘴”挺烦人，却是件大好事

因为大运河的便利，漕运粮秣到临安变得轻而易举。杭嘉湖稻米之乡等于就是家门口的大粮仓，即使远在四川天府的丰富物产，也可以从长江顺流而下至镇江，然后再由大运河直达临安。所以，赵构重返临安以后，在凤凰山下的皇城大内[①]中安居乐业，朝廷再也无须操心钱粮漕运的事了。

然而，还是发生了一桩吓人的突发事件。

某天凌晨，天未透亮，住在凤凰山下行宫里的赵构，晓梦正好，却被突然惊起！他的第一反应是：金兵已经杀进宫中了！他猛然跳下床，一边尖声狂喊“粘罕来啦！斡离不来啦！”一边慌不择路，急欲向外逃命。

赵构喊的这两个人，是当年领兵攻陷东京的金军统帅，其中粘罕更是令人恐怖的魔头，四年前赵构在扬州行宫待得好好的，吃他派遣的五百轻骑偷袭，竟然吓出了毛病，落下了难言之隐的后遗症。

寝宫里外一帮宫人也被突如其来的这一幕吓着了。大家手忙脚乱了半天，这才恍然大悟，原来皇帝在梦中

①本丛书另有专门讲述南宋宫城故事的《山水之间帝王家》一书。

从馒头山西眺凤凰山，林木葱茏。

被一阵阵鸟鸣声吵醒，而那叫声又被皇帝听作不祥之声，所以还以为金人突然逼近，吓得不轻。

早晨的几声鸟雀啁啾，怎么还能把皇帝吓得惊慌失措?

原来，赵构安家落户在凤凰山下，举目四望，周围山林近在咫尺，葱郁秀美，太美了！这可是与汴京故宫迥然不同的一片青山绿水。每天清晨，他总是在一片婉转啁啾的晨曲中，开启一天的饮食起居，宛然一种田园生活。

但这天早晨，不知哪来的一大群乌鸦，突如其来、肆无忌惮地一阵乱吼，惊破了他的美梦，于是上演了一出没来由的紧急大逃亡，虚惊一场。

这以后，山上原本美妙悦耳的啾啾鸟鸣声，令他觉得越来越不着调。那帮乌鸦的嗓门越来越大，人被吵醒成为了一种常态。再是他觉得，乌鸦“合奏”的嘈杂声

北宋赵佶《瑞鹤图》。辽宁省博物馆藏

越来越尖锐刺耳，竟成了这里主演的“调门”，叫人越来越不堪忍受，仿佛置身喧嚣街市，烦人啊！这哪还是田园山居？

汴京城没有自然山岭，所以赵构从未见过这阵仗。他只记得自己6岁那年，也即政和二年（1112）元宵节后的次日，皇宫正大门宣和门上空，忽然飞来了20只白鹤，飞舞翱翔鸣叫良久，其中两只还停歇在宣德门城楼屋脊两头的鸱吻上。父皇[①]将这一幕视作祥瑞美景，以他最擅长的翎毛花鸟画技艺和独具一格的瘦金体书法，御笔亲绘和跋识，创作了一幅绝妙的《瑞鹤图》，一时传为佳话。

可今天这群乌鸦鼓噪算得什么祥瑞？不说这黑乎乎的家伙叫人看着不吉利，就这怪异尖叫的噪音，任谁都受不了！

①即徽宗赵佶。

赵构叫内侍领班张去为去查个究竟。张去为领了几个内侍去凤凰山跑了一趟，回来报告说，这山上的树林实在太过茂密，招来了越来越多的乌鸦在此栖息，现在少说说也有成千上万只了。这样浩大规模的大鸣大放，怎不叫人心烦意乱？

原来如此！可赵构还是觉得奇怪，他刚来凤凰山麓住下时，并无如此聒噪闹心的事，怎么现在就越来越不像话了呢？他命张去为尽快搞清这是怎么回事。

一名细心的内侍发现了一个规律：这千万只乌鸦每天天不亮可着劲儿闹腾狂欢，等到天色放亮后，便成群结队扑棱棱向北飞去；整个大白天里，凤凰山一带并不喧闹。可是等到黄昏时，这帮家伙又从北面乌压压地一窝蜂飞回凤凰山来，与君伴眠。

那么，它们白天去哪儿了？为什么只往北去，而不问西东，更不是向南飞呢？经过一番调查，张去为终于搞明白了一个情况：这凤凰山敢情就是这伙乌鸦们的集体宿舍，而城北以及运河边上的诸多粮仓，则是它们的免费食堂。

细究这些“乌鸦嘴”的背后，信息量非常大！

自从赵构驻跸临安后，漕运之事有了极大的改观。为了确保临安的粮食安全，同时也是为临安城内外官方专营的几十座大小酒库和醋库提供酿造原料，朝廷在外围从镇江到临安的运河沿线重要地点，建立了一系列转运粮仓。

依托运河之便，临安北郊从德胜桥到江涨桥一带的运河边，又建立了一个大粮仓。以后该粮仓扩建成“丰

平粜仓图。平粜即官府在荒年将库存粮食以平价出售，与丰年以平价购粮以防粮价下跌正好相反。南宋陈元靓《事林广记》，元至顺年间西园精舍刊本

储仓”，南宋中后期边上又建“端平仓”，是以这片地区后来干脆成了地名，被叫作了“丰储湾”。

临安城内的粮仓则集中在城北运河边，师姑桥（今狮虎桥）附近建立了“镇城仓”和“常平仓”，社坛附近除了建有“平籴仓”，也建了一座“丰储仓”，南宋后期此地附近又建有“淳祐百万仓”和“咸淳仓”等。崇新门内的“丰禾仓”，虽然位于稍南的城东地区，但因为能利用菜市河（今东河），船运依然可谓便利。

瞧瞧这些粮仓的名称，就可以发现，其中为保障临安城粮食安全的用心。首先得在粮食囤积的数量上予以保证，这便是“丰储仓”“丰禾仓”“镇城仓”的建造。

其次，无论丰年还是荒年，粮食售价需要保持一定的稳定，这便是丰年平价进、荒年平价出的“常平仓”“平籴仓”。

还有，皇帝驻跸之地，城墙、营房等重要建筑需要加固，楼堂馆所需要加盖，基本建设的摊子铺得很大，对糯米这一垒砖砌墙的黏合材料所需也极大，于是又专设了“糯米仓”，以确保米粮和建材供应两不误。

后来官修《咸淳临安志》时，在绘制其中的《京城图》

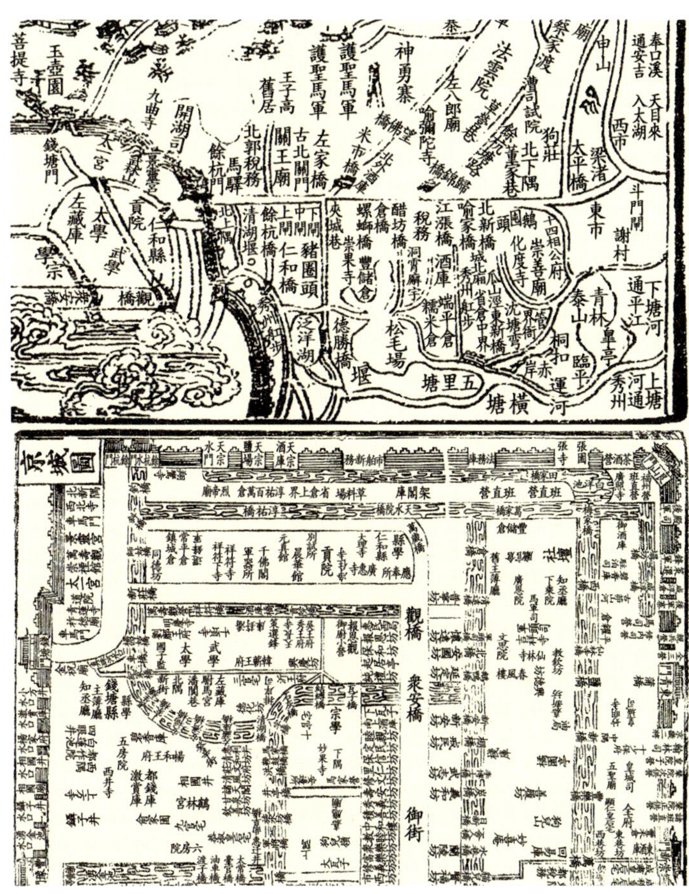

南宋潜说友《咸淳临安志》中《西湖图》（上图，左南右北方位）和《京城图》（下图，左西右东方位）上的仓廪与驻军分布。

等地图中，更是直观标示了这样一个事实：为确保临安城包括粮仓在内的各种库房的安全，在相关资源配置上非常注重针对性、合理性和有效性，如粮仓选址上，注意临安城墙里墙外的分层设置，城外粮仓便于更大容量的囤积，城内粮仓则可以应对突发事件，即使有外来入侵，也可以保证较长时间的守城之需。

城内外驻军除了拱卫京城安全的同时，还兼顾对于重要仓廪的保护责任，因此那些军营附近，往往就有重要仓廪。

譬如《京城图》上，西北角的选锋军，紧邻“常平仓”“镇城仓”，策选锋紧邻“潘葑库”，东北角三个班直营、殿司后军、策选锋军、后军寨、亲兵营、全三营和马司营等营寨的防区内，则有“御酒库”“碧香库”“平籴仓”“咸淳仓”和“丰储仓”等；崇新门内诸班直营附近，有“丰禾仓”和“东酒库”。殿司中军寨则与“内司东库”和“内司南库”甚为接近。

由此可见，临安城军队部署与仓廪设置，已达到了一个最经济、最便利，也是最安全的规划水平。

这样一来，在整个临安城北和北郊地区，粮仓集聚，码头排布。其中还为来自杭嘉湖重点产粮区秀州（今浙江嘉兴）的粮船，专设了两座“秀州船埠”。这样就形成了一个集运输、装卸、中转、仓储和售卖于一体的粮食“超级市场”。

各大粮仓附近因为都有驻军扎营，谁要想打那里粮食的主意基本不可能。但那些凤凰山的乌鸦们贼机灵，它们从凤凰山“集体宿舍”群体出动，飞抵城北后又化整为零，分散往来于各粮仓、米市之间，一有可趁之机，倏忽翔集，大快朵颐，又呼啸而去。这般飘忽不定的四处“游击”，谁治得了它们？由此，凤凰山上的乌鸦队伍也日渐壮大。

内侍们见官家清梦被搅，便想方设法驱赶乌鸦，却没啥效果。赵构只好叫张去为找掌管宫中营造事务的修内司帮忙。

修内司整合了世上最优秀的能工巧匠，赶几只乌鸦那是小菜一碟。善造武器的工匠马上制作了一批弹弓，然后由张去为集合一帮修内司的年轻人，人手一把弹弓上山射鸟。一时间，凤凰山上弹丸声嗖嗖嗖直响，乌鸦们风声鹤唳，纷纷逃窜。后来据张去为了解，逃得最远的乌鸦，都飞到了城北十五六里外上塘河边的临平和赤岸一带了。

闹哄哄的凤凰山总算安静下来了，赵构也总算可以春眠不觉晓了。他回头一想，这帮“乌鸦嘴”的出现，其实也是件大好事，至少说明临安城的漕运非常靠谱，让人觉着手上有粮，心中不慌——这才是当下驻跸临安需要关注的重点！

至于它们祥瑞与否也就甭去讲究了，那些个政和年间的瑞鹤，其实也没给咱大宋带来什么祥瑞，否则，哪还会出现惨绝人寰的“靖康之变”？

他这一想通，后来又有大批乌鸦云集凤凰山时，也就没再当回事了。再后来，他自己喜好上了放养鸽子，在凤凰山上营造出一片“百鸟朝凤”的景象。

酷暑中，亏得给力的“特快专递”送清凉

赵构回到临安时，正值一股强冷空气南下，雨雪霏霏紧跟着大雪纷飞，然后一片天寒地冻。

那年他从镇江过来第一次到杭州时，执政叶梦得就提醒他说，杭州以及江南地区潮湿多雨，盛夏闷热难耐，非东京可比，可得留点神。赵构对叶梦得的提醒是有印象的，加上这次回临安也是打算长住的，而且在越州也领教过江南夏天的滋味，所以他趁此大寒机会未雨绸缪，叫人张罗起藏冰度夏的事情。

北宋朝廷原有专门负责藏冰的部门叫“冰井务”，在冬天收藏冰块，夏天拿出来用于三个方面：一是用在宗庙祭祀活动中，因为祭品一定要保鲜，否则臭烘烘的那是对祖宗的大不敬。二是用在皇帝及其嫔妃、太子皇子等人的生活消费上，避暑消夏喝冷饮，这在大内夏天生活中不可或缺。三是用于邦交活动时，暑热天气如有友邦使臣来访，端给一杯冰水作为见面礼，绝对是增进传统友谊的。除此之外，对一些经常加班加点挥汗工作的大臣，根据有关奖励规定，给些冰块也等同于奖金分配。

但南宋朝廷有些不一样，因为赵构在逃亡时要跑得

快、跑得远，冰井务之类不涉及日常生活需要的后勤部门就被精简掉了。所以现在藏冰的任务只好分派给了“三衙”：殿前都指挥司、侍卫亲军马军司、侍卫亲军步军司。都是掌管禁军的部门，如今敌我紧张局势缓和多了，皇帝也安居下来了，你们保卫皇上的任务轻了很多，闲着也是闲着，兼职去修几个冰窖，认真搞好藏冰工作，也免得无事生非。好在这些部门的主要从业者也都是北方人，藏冰这件事或多或少也有些实践经验，就这样搞定了。

这年端午节，临安的天气已很热了。于是，“三衙”长官纷纷取出自己部门的藏冰，供奉皇帝一家人欢度端午，这年的藏冰就算正式启用了。

然而，他们这些北方人知道临安的炎夏很热，但不知道会那么热。没多久，临安城气温爆表，暑气节节攀升，“三衙”藏冰的供应量也随之急剧攀升，终于在大暑还未来临时，藏冰全部告罄。

这临安杭州的暑天，人就仿佛掉进了太上老君的炉灶里，烘烤闷蒸，热得七荤八素，走投无路。当地百姓反正也惯了，但赵构是北方人啊，这种酷热实在吃不消了！怎么办？还能怎么办，有关部门都汇报好几次了，实在找不出什么好办法来防暑降温。

不过，赵构的运气也实在好，正当他快要热得不行的时候，居然有人将藏冰大老远地送上门来了。

谁那么叫得应？是韩世忠。韩世忠当时驻防的镇江，算是国防重镇，所以他和朝廷之间保持着热线联系，很快就得到了临安城处于水深火热之中，皇帝都快要逼疯的消息。不怕！咱老韩知道哪有藏冰——把那个“建康府境图”拿过来，呶，早两年官家刚去过的那个行宫的

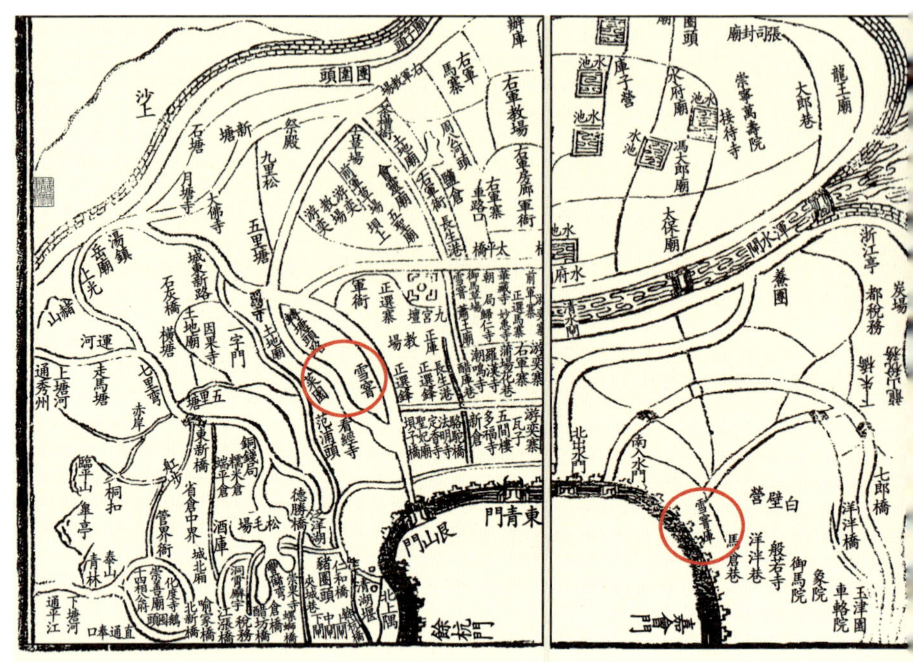

南宋潜说友《咸淳临安志》中《浙江图》（左北右南方位）上的“雪窖”（即冰窖）分布。

冰窖，就在城东门外，安抚司和都统司的几个冰窖都在城北门外，防江军的冰窖在鸡笼山之侧，看到了没有？

好了，藏冰终于找到了，库存量也足够大，而且还“包邮”呢！可接下来物流怎么个走法？靠什么“神行太保”加上板车载运，速度上肯定不靠谱。靠驿站邮政的驿马快递，速度是靠谱的，可那是送送信函用的，超大物流根本没那个运力。还是老韩拿主意，拍板这单物流直接走漕运水路。那能靠谱吗？

老韩虽说也是北方人，老家是陕西延安绥德，但对于水军运用、舰船知识极有心得。赵构一定记得，建炎三年（1129）“苗刘兵变”时，韩世忠率兵勤王，就是从平江（今江苏苏州）沿漕运热线运河直下杭州的，史载“舟行载甲士，绵亘三十里”，最后以水军破敌进城，解救了危难中的赵构。

再说一件事。建炎四年（1130）金兀术率军从临安北撤，到镇江黄天荡一带时，与韩世忠水军遭遇。老韩的八千水军数次大败金兵，愣是在江上扛了四十八天，差一点将金兀术的十万大军困死在黄天荡。所以，老韩近几年的“履历”足以表明，去临安走漕运水路他很专业，驾轻就熟，轻车熟路。

专业的人做专业的事。韩世忠在运河上大胆开辟运冰“特快专递”通道：调派的水军船头上，全部插上写有“进冰船”的旗标，作为开道警示，提醒过往船只及时避让；“进冰船”由水军健士掌舵划桨，遇有水闸，也由健士牵挽过闸。

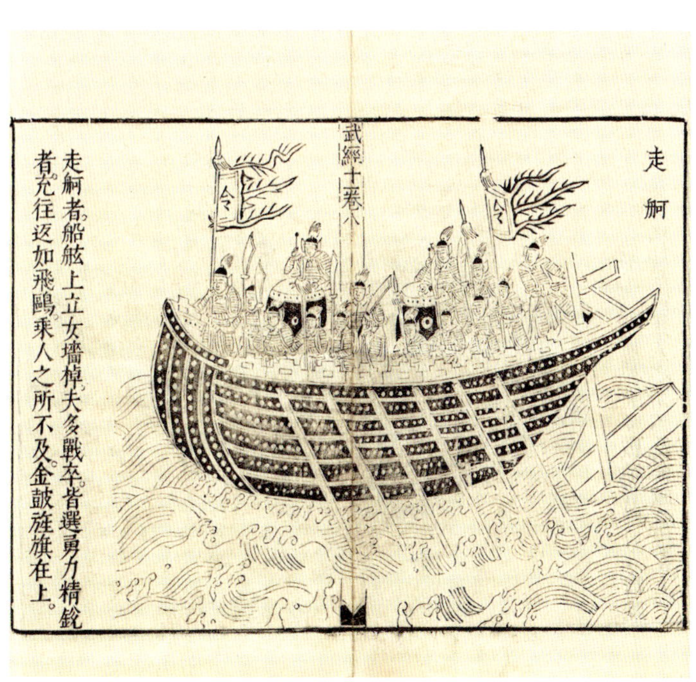

北宋曾公亮《武经总要》中的水军快船“走舸图”。明万历刻本

“进冰船”到建康府取冰、包装、搬运、封仓妥当后，顺江下镇江，然后再沿运河直奔临安。这样昼夜兼程，船运远比车载要快，而相比驿站马驮，因为船运的平稳性要高得多，从而极大地避免了马颠车震极易造成的碎冰和融冰现象，大大减少了运输中的耗损，运载量更是远远高出了车马，保证了效益最大化。

对这趟利用漕运通道的“特快专递”，现在可以下结论了，这绝对是一项性价比最高的决策，应该给“好评”的！

赵构也点赞了，一口冷饮，冰爽透心！

他终于明白，这条隋朝开凿的大运河，对临安城而言，不但能勾连四方财货钱粮，便利漕运给养，而且在紧要关头，往往还能由此快速反应、调兵遣将，对冰块这样的另类物件也能由此“特快专递”，太给力了！而且，如果要定都临安，这应该是最上得了台面的一大理由。

择都“三选一”参考答案是一场君臣激辩

临安被正式确定为南宋“行在”，也就是皇帝的行都，是在绍兴八年（1138）。

先是，绍兴四年（1134）宋军和金齐联军[1]在两淮到四川的广阔地域上全面开打，双方互有胜负，战事胶着。为给前线将士助阵鼓士气，赵构于这年十月二十三日离开临安，乘船沿运河北上。四天后，他把行在临时搬到了平江府。

进入绍兴五年（1135）后，经过多次攻守争夺，宋军基本遏止了金齐联军的攻势，双方战事逐渐平静，于是在二月二十三日，赵构重返临安。

但第二年即绍兴六年（1136），宋金双方重新混战，赵构于九月初一再次离开临安来到平江。绍兴七年(1137)正月初一，赵构离开平江又将临时行在迁到建康。一直到绍兴八年（1138），南宋岳飞、韩世忠、吴玠、吴璘和刘锜等一批最强战将相继崛起，屡屡重创各路金兵，稳住了整个宋金战局，金人一时无法以武力消灭南宋，双方战事这才暂告一个段落。赵构由此于二月初七离开建康南下，重回临安。

①齐是金朝扶持的刘豫傀儡政权，辖境主要在今河南、山东一带。

赵构这些年往来于临安、平江和建康之间，也说明了他对最后择都于何处，仍然摇摆不定。

这三地中，建康最靠近长江前线，也是最危险的地方，最是去不得。平江稍好一点，但跟临安一比较起来，临安肯定更为保险。平江作为临安的屏障，倒是蛮不错的。另外，从经济层面看，临安比平江也要好很多。

但这三个城市最终选定哪个来做都城，这道“三选一”的最终答案，不但要说服赵构自己，还得让大臣们心服口服。君臣双方都能接受的答案，赵构后来还真的找到了，他从当年太祖赵匡胤，与群臣围绕择都何地而展开的一场激烈争辩中，得到了启发。

赵匡胤其实很不喜欢开封这座城市，因为它太萧条了！

唐末五代以来，开封城里兵变成风。而每次兵变的发难者都知道，不成功，便成仁，于是都把洗劫开封全城，作为对手下士兵的奖赏。这么一来，开封城十室九空，完全被“洗白”了。

赵匡胤黄袍加身后，总算刹住了兵变恶习。可是一看眼前这开封城，清汤寡水的实在不景气，加上他有家乡情结，更喜欢自己的出生地洛阳，于是以洛阳为都的念头冒出来了。但是一帮大臣不干，屡屡阻挠，朝堂上君臣为了择都的事，经常吵得不可开交。

开宝九年（976）四月，憋着一股劲想要迁都洛阳的赵匡胤，终于行动了。他以出巡的名义，起驾前往洛阳。但谁不知道你赵匡胤这些年来，一门心思就想着把洛阳建为大宋京城。所以他这才刚起驾，大臣们的反对声后

宋太祖赵匡胤像

屁股跟着就追来了。有人还一气弄出了八大理由，诘难他的迁都洛阳。

赵匡胤不理睬，继续西行。到了洛阳后，他还真的就不走了，想要造成既成事实，就是要定都洛阳。而且，这次跟随他西巡洛阳的大臣没几个，他也不用担心会出现在开封时因为群臣不依不饶的劝谏，而叫人难以招架的那种尴尬场面。

但还是有人勇敢地站出来了！

负责护卫皇帝的铁骑左右厢都指挥使李怀忠，当面跟他把择都的事挑明了，说汴京有汴河的漕运之利，每年可以从江淮地区运粮数百万斛[1]，可养兵数十万人。所以眼下的汴京能够屯集重兵，聚合府库，稳固根基。可陛下如今要在洛阳住下，您的漕运在哪儿？

李怀忠虽说是武将粗人，却也知道漕运的重要性，也说出了大家的心里话。可赵匡胤很倔，对这样切中要害的忠告，还是不予理睬。

这时，边上赵匡胤的弟弟晋王赵光义[2]看不下去了，也站出来说，迁都洛阳，倘若没有漕运，今后的日子肯定不方便啊！

赵匡胤还要找理由，说俺不是待在洛阳就不走了，在此住上一阵子，俺以后就去长安住了。他的意思是说，西周、秦汉以来，长安向来就是帝王都，加上关中一带山河形势十分险要，只有在那里建都，才可以安定天下。

可是谁不知道，关中地区自唐代中期以后，生态环境日渐败坏，加上漕运艰难，有阵子皇帝和一帮大臣都跑到洛阳来"糊口"了，基本生活条件还不如洛阳，你哄谁呢！不过赵匡胤说的关中形胜险固的优势，这理由也是明摆着的。于是赵光义脑子一转，搬出了战国兵家吴起的著名理论："在德不在险。"你以为山河险固，就万事大吉了？不讲以德治国，你的京城再怎么固若金汤，没用！

赵匡胤一时词穷，只好再次认怂，回了汴京，从此再也不提迁都这茬了。汴京因为汴河漕运每年可以输送600万石米粮，其首都的稳固地位不可动摇，直到"靖康之变"北宋灭亡。

①斛与石（今读dàn）同义，一石为一百二十市斤。
②即后来的宋太宗。

宋高宗赵构像。
台北故宫博物院藏

以太祖的这件事为典型案例，结合这几年对漕运的切身体会，赵构终于在择都"三选一"中打钩了。三月二日，他向各地文武官员下了一道诏书，作出了要建都于临安的决定：

> 昔在光武之兴，虽定都于洛，而车驾往反，见于前史者非一，用能奋扬英威，递行天讨，上继炎汉。朕甚慕之！朕荷祖宗之休，克绍大统，夙夜危惧，不常厥居。比者巡幸建康，抚绥淮甸，既已申固边圉，将率六军复还临安。内修政事，缮治甲兵，以安基业。非厌霜露之苦，而图宫室之安也。自今而后，应诸路宣抚、制置使等，其深戒不虞，益励士卒，常若敌至，以听号令；帅守、监司，其合力同心，共济军务。罔或不勤，以副朕经营之意。

赵构这道诏书的意思是说，别看俺一会儿往北，一会儿又往南，忙得不亦乐乎，俺这是在向东汉光武帝刘秀看齐呢！这里明着赞扬光武帝是“上继炎汉”，实际的潜台词是说，俺赵构领导的这场大宋保卫战，具有继绝存亡的重大历史意义，俺就是今天中兴大宋的光武帝。

接下来的意思是，大宋新的基业就确定在临安了，各位战斗在前线的官员们，要继续激励士卒、常备不懈；坚守各地的地方官，也要加强团结、同舟共济。

请注意，在这个事关大宋未来命运和前途的重要文件中，除了一开始提到光武帝的定都之外，对于南宋朝廷自己，则一字未提“定都”。

其实，赵构不是不想提，而是在此不能直截了当地提。你想想，要是真的说我把新的都城定在了临安，那是不是意味着原来的都城汴京我不要了？那被金人占领的广大中原地区，还有河北、河东、陕西、山东等地，以及那么多被俘虏去的赵家父老兄弟姐妹们，是不是也都可以撒手不管不要了？假如真这么说，跟着你赵构从北方失地过来的千百万臣民，能接受这个事实吗？那还不乱翻了天！所以，赵构只能委婉地说，俺这是在临安为中兴大宋“定基业”，大家还得勠力同心，勤奋工作，争取能够打回老家去。

这以后，临安的政治地位在官方的正式称谓中叫作“行在所”，简称“行在”，也即“行都”的意思，是皇帝出行时的驻跸之地，和“临安”的字面意思相仿，表示我皇帝人在旅途，只不过暂时以此为家、临时安居罢了。

但是，无论你怎么说，南宋朝廷就把临安当成是正式的都城了。时间一久，更坐实了“定都”的概念，而“京城”“京师”“帝京”“神京”之类的首都称谓，也在各种层面流行起来了。譬如南宋著名学者王应麟叙述这段历史时，直截了当就称作是定都。官方编纂《咸淳临安志》，在绘制地图中，也直接称“京城图”了。

后来清代康熙时钦定的大型类书《渊鉴类函》，干脆在赵构的这道诏书前面加上了一个标题，写作《宋高宗定都临安诏》，末尾又添上了“遂定都，故今以临安府为行在所”这么一段话。这都是以事实说话。

所以，直至宋恭帝德祐二年（1276）二月临安城被元军所占，临安成为事实上的南宋京城，长达138年。

『其浙江船只，虽海舰多有往来，则严、婺、徽、衢等船，多尝通津买卖往来，谓之"长船等只"，如杭城柴炭、木植、柑橘、干湿果子等物，多产于此数州耳……但往来严、婺、衢、徽州诸船，下则易，上则难，盖滩高水逆故也。』——《梦粱录》卷一二《江海船舰》

『严州、富阳之柴聚于江下，由南门入』。——《文忠集》卷一八二《临安四门所出》

第四章

开门第一件事的画面感：京城画风和世俗民风

山清水秀之城，天天面临烟熏火燎的考验

京城所在，人心所向。

因为官家驻跸于此，临安城人口迅速集聚，城内住不下了，城外也生齿日繁。开门七件事，柴米油盐酱醋茶，“柴”是第一件事，煮饭烹茶之用，一日不可或缺。如果没有了第一个“柴”，余下那几件事都将不成为事了。

然而，在临安城这烧柴的事有那么简单吗？每天几十万户人家一开门，上百万人口的一日三餐，不约而同地点灶烧炉，这炊烟滚滚、烟熏火燎的城市画风，实在是太可怕了！

不烧柴，最理想的选择是烧煤，北宋东京城的炉火“能源”，就主要是来自两淮与河东（今山西）等地的煤炭。但临安城周边、整个江南都缺少充足的煤矿资源。剩下来，最好的选择就是烧炭了，江南有的是木材。

可临安城有关烧炭的事，也曾让人闹心不已。

那是在绍兴元年（1131）十一月，刚到临安城不久的吏部侍郎兼户部侍郎李光，就对两浙转运司的种种做

派，看不顺眼了。

李光来临安城干吗？

此时朝廷已经决定移跸临安，但去年即建炎四年（1130）二月，临安城被北撤的金兵放火烧了三天三夜，原有州治建筑“焚荡之余，无复存者”，已是一片废墟。现在赵构要回临安了，需要营建一个全新的行宫。这营建工程叫转运司副使徐康国担纲，却让李光总领整个移跸临安所涉及的军政要事。

李光这人比较正直，敢作敢为，还比较关心民间疾苦，爱护百姓，向来口碑不错。他对两浙转运司看不顺眼，那一定是有什么问题了。

本来，行宫建设势必需要向临近各州府征集大量建材，这也合情合理。江南地区向来林木资源丰厚，但行宫营建一时之需的征集量还是太大，像木材和竹子等，竟然还是不敷使用。李光正为建材短缺的事想方设法四处寻访，忙得够呛。可他忽然发现，有人在向各州府征调建材的同时，另有摊派，而且信口开河，索要无度！

谁啊？转运司官员！

转运司长官转运使俗称“漕官”，可谓地方一路的最高实权长官。因为地方上的财货、赋税和钱粮他都有权征收、调遣、纲运和分派，所以这是个手上有钱有权的官职，一向很牛。

这次是由两浙转运司负责营建行宫，征收建材理所应当。但李光发现，转运司在下达给严州（辖区含今杭州建德和桐庐、淳安）限期一个月完成的“任务清单”上，还开列了专供官家众多侍卫的木炭和草席等项目，征收量都是数以万计。

时值寒冬季节，江南的冬天阴冷潮湿，官家的左右侍卫多半是北方人，根本无法适应这种透骨冰凉的湿冷，弄一些炭火取暖驱寒，也是理所当然的。但现在大家全副精力都放在怎样尽快造好行宫那么多殿宇的时候，向各州府征调建材都来不及，你转运司却横插一杠，要各州府同时完成征收那么多的木炭和草席，这不存心捣乱吗？

严州方面原先收到的征调建材指令中，并无木炭和草席这类东西，短期内要完成那么多的建材征收、调集和输送，也已忙得七荤八素了。现在忽然听说又加派了木炭和草席的征收任务，而且数量巨大，一时都吓坏了。

一般来说，木材烧炭的“产出比”是5斤木材出1斤炭。1万斤炭就得砍烧5万斤木材。忽然需要如此巨量的木炭，不说这样的烧炭会严重损害当地的生态环境，就是临时派人进山砍伐、烧制，然后再从山里弄出来，打包装运，没有个两三个月，哪办得成？草席也是，别看拿在手上也是没啥分量的物件，可上万件的征集量，要派人备料、编织和调集齐备了，没有三四个月，神仙也做不到。

于是，就这些木炭和草席，弄得严州一地人心惶惶。

李光认为转运司的这番操作，完全够得上是“苛敛”，若不加以禁止，那随之而来遭人谴责的就是“苛政”了。于是他一纸奏章告到了赵构跟前，要求朝廷对转运司的征令严加约束，遏止“苛敛”之风，以维护官家的“仁俭”形象。

南宋马远《晓雪山行图》局部，描画了从雪山深处走来的一名送炭人，送人温暖，自己却衣不御寒。故宫博物院藏

转运司向严州摊派木炭和草席的事，就此被梗阻了。

这事的背后告诉人们一个事实，即临安城日常所需的“能源”产地，大多来自钱塘江上游地区。《梦粱录》记载说，临安城所需柴炭大多来自钱塘江上游严、婺、衢、徽等地区。

事实上，北宋时，钱塘江上游地区就是杭州最重要的柴炭供应地。除了睦州（即严州，治所在今建德），还有婺州（今浙江金华）、衢州和歙州（今安徽歙县）等州府，地处连绵山区，森林植被广大，烧制成炭后，顺江而下输往杭州，非常便捷。

苏轼在杭州当知州时，也曾注意到了这一情况。宋哲宗元祐六年（1091）三月，为治理钱塘江潮患，苏轼给朝廷上了一道奏章《乞相度开石门河状》，其中专门讲到："衢、睦等州，人众地狭，所产五谷，不足于食，岁常漕苏、秀米至桐庐，散入诸郡。钱塘亿万生齿，待上江薪炭而活。以浮山之险覆溺留碍之故，此数州薪米常贵。"意思是说，上游山区人多地少，粮食全靠苏州、秀州（今浙江嘉兴）等产粮区的转运；而杭州百姓的生活和生产，又全靠上游各州输送的薪炭来维持。可是因为浮山（在今杭州转塘）一带潮水凶险，翻船事件不断，导致往来上下游之间的船运不畅，由此也导致了上下游这几个州府的粮价和柴炭价格经常居高不下。这是苏轼为治理江潮灾患而提出的理由。

可见，对杭州而言，上游的"能源"供给是否稳定和安全，直接影响到人们的日常生活和生产，至关重要。

烧炭制炭都是在山林中，是以古时炭铺多半设在船运方便的码头附近。
清人《苏州市景商业图册》

胡桃纹、鹁鸽色，御炉炭烧出的扰民怪事

南宋定都临安，北方大量人口迁移而来，对上游的“能源”需求越来越大。上游山区那些众多的烧炭翁，为了确保京城不断炊、不歇火，搞得自己“两鬓苍苍十指黑”，已经够辛苦的了。可南宋宫廷有时候却很不着调，就这几根炭也能生出“奇葩”的事来。

绍兴四年（1134）四月的一天，赵构在宫中召见了新任起居舍人的婺州（今浙江金华）原知州王刚中。

从地方官迁为皇帝贴身秘书，按常理王刚中应该感恩戴德，但奇怪的是，站在皇帝面前的王刚中居然摆出一副冷漠的面孔，赵构在他的音容谈吐中并未感觉到一丝的感激之情，甚感诧异。

赵构的感觉是对的，王刚中的不悦缘自他对皇帝的炭炉大有意见。赵构更觉得奇怪了，这是小而又小的事情，至于现在这种场合下拿来说事吗？但他还是鼓励王刚中说说其内心的想法。

原来，王刚中在接到进京旨令之前，还接到了来自两浙转运司的一件檄命，要求婺州官府为官家征购“御

南宋刘松年《撵茶图》局部，这是上流社会的点茶活动，图中有一座精致的炭炉，其上为煮茶器皿茶铫。台北故宫博物院藏

炉炭”。本来这真是小事一桩，虽然号称是为官家的炭炉买炭，但不就是几根炭吗？可转运司官员的“脑洞”大开得匪夷所思，提出的征收标准非同一般，每根炭除了必须是非常耐烧的“金刚炭”之外，纹色还必须是胡桃纹、鹁鸽色。

王刚中当时就蒙了，这世上有这样的炭吗？什么炉子非得烧这样“奇葩”的木炭？王刚中甚至想多了，胡桃纹，官家您该不是把核桃玩上瘾了吧？可这与木炭不沾边啊！鹁鸽色，官家您该不是因为喜欢放鸽子，放着放着联想起您那被关在金国的老爸了吧？可您老爸的骏骡“鹁鸽青”一是派在去幽会李师师小姐的那些晚上，二是用在逃离被围汴京时的那个晚上，这茬儿当年的“起居录”都不好意思提及。

在听到征收什么胡桃纹、鹁鸽色这样“烧脑”的烧炭时，王刚中身旁的一群小吏面面相觑，也都惊呆了。小吏们在衙署里不知怎说，可跑到外边一会儿工夫，就把这事宣传得家喻户晓，大街小巷人声鼎沸，喧闹得不行。

要说南宋时胡桃纹、鹁鸽色的木炭还真有。王刚中向隔壁州府一打听，也就死了心，因为大家都是一样的胡桃纹、鹁鸽色，而且一些地方官府已经上缴了不少这样的“奇葩”。想想郁闷，王刚中干脆抗命不干了。

幸好朝廷对他新的任命随后就来了，让他有机会向官家当面递上了话。王刚中说：“明摆着转运司这次的

明人顾炳《历代名公画谱》中仿宋画斗茶图。留意左边汉子在给炭炉夹炭。明万历刻本

木炭征收太过分，对上有损陛下盛德，对下扰民太甚。烧炭的老百姓不堪其苦，都跑了躲了不干了，您还能有什么炭可取暖驱寒的？还请官家明察！”

赵构打了个哈哈说：“不对吧，朕平时对自己的衣食尚且不问美恶，几根冬天烤火取暖的木炭，岂有可能去讲究它的纹色？”

王刚中暗想，亏得我和您面对面说话，不然这事还真搞不清楚。他说：“官家如果不信，可以马上叫人去宫里取几根现在用的木炭来，一看便知。”赵构叫人取过炭来，一看真傻眼了。史载这时候赵构皱着眉头说：“当下艰难岁月，岂能这样扰民？可令速罢。”

扰民的“御炉炭”就此作罢。这件事涉及江南好几个州府，可见当时一个皇城大内的用炭量就非常大。大到什么程度呢？接下来发生的一件事用数据说话了：

到了绍兴三十年（1160），“御炉炭”又死灰复燃了！

当时的严州知州樊光远以忍无可忍的言辞向官家

南宋佚名《春游晚归图》局部，描绘一名官员的悠闲生活，左下挑夫所担有炭炉。台北故宫博物院藏

赵构报告说，他严州一个小地方，每年却要输送“御炉炭”74500斤！这次虽然没提胡桃纹、鹁鸽色，但出的价码低得不行，百姓烧炭的本钱都不够。这样下去，还让人活不活了？赵构接到报告也是没辙了，想了想只好再次罢去“御炉炭”。

这里仅仅是皇城大内所需的用炭，折算下来，一个严州平均每天需要供给200斤以上，才能满足需用。

但估计“御炉炭”的征收对象肯定不止一个地方，如果同时课征的是四五个州府的话，那大内每天的用炭量就是上千斤，每年就是30多万斤！这还不包括临安城里其他官府、窑场、民户等日常所需。如果包括了那又会是一个怎样庞大的数字？

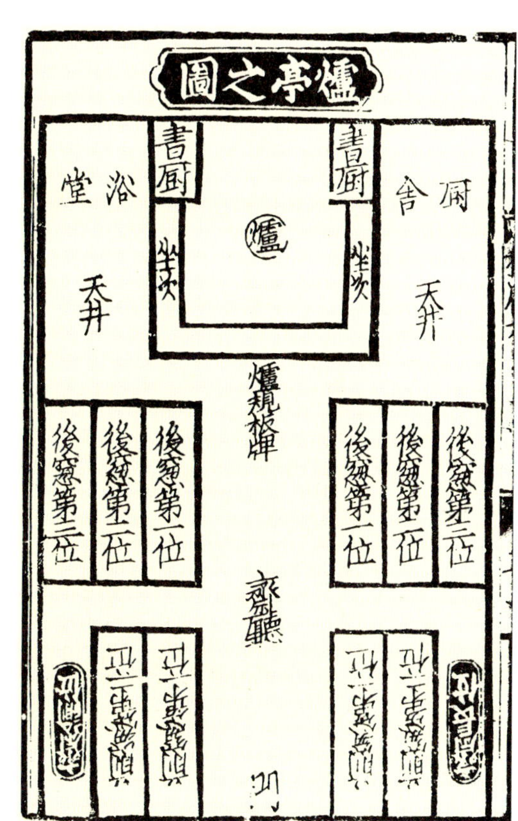

南宋陈元靓《事林广记》中的宋朝太学“炉亭”图。两宋太学设斋堂十多至数十个，为优待太学生，每个斋堂设“炉亭”一座，四周可坐二十四人左右。元至顺年间西园精舍刊本

严州税费变革，保障都城“能源安全”

这是在孝宗淳熙九年（1182）九月，新任知严州楼锡[1]履任到岗。

这本是一个丰收季节，但楼锡发现，当地因为今年迭遭水涝旱灾，官府不仅钱库空空，还拖欠应收缴赋税及各种债务上万贯。上峰催要税收的督责文书雪片似的飞来，严州原地方长官也是被逼急了，派往下面征税征粮的人竟有500人之多。

楼锡在京城临安曾主管都茶场会子库，是理财的一把好手，现在严州赋税征收出了状况，他并不慌张。他先把已经派出的征税征粮官员悉数召回，然后请下面各地官吏来州府面谈。在详尽了解每个地方的财赋征收现状后，他视具体情况可免的免，可缓的缓，而对一些无厘头的征敛项目，更是一律废除，并且要求州府官吏对涉及赋税免、缓、废的新政，一律不得干预。

楼锡以诚相待，仁慈如父，各地官吏也不好意思拖着欠着，到了该缴纳赋税的时候，居然没有一金之歉。

但这些只是本府辖区能征收到的赋税，与原该上缴

①南宋名臣、文学家楼钥之兄。

的数额还有很大差距，毕竟是遭灾歉收之年啊！怎么办？

楼锡收完了地方上能收到的赋税之后，想到了怎样增收外来税收，那就是从过境物流上打主意。

他一了解，发现严州因为地处歙州（今属安徽）和婺州（今浙江金华）水运的要冲之地，两地顺着兰江和新安江运往京城临安最大的物流，是木材以及柴炭等生活必需品。木材主要用于临安城的基本建设，编成木筏搭载柴炭，顺流而下，最是经济便利。严州官府也从过境木材和柴炭中，获取了丰厚的税收。

然而，就因为这是最大宗的物流，以往严州官员不断提升征收税率，苛取之下，弄得原本物流通畅的新安江，现在竟然商贾不来，帆影稀落。

楼锡果断采取措施，对过境前往临安城的木材和柴炭，减少缴税环节，恢复旧时低税。对于老客户，一经核定税额，只要有产销中间人“牙侩”作保，即可优先放行通过。

这里需要交待一个历史常识，就是当时有这样一个职业，叫作“牙侩”，他们是为买卖双方介绍各种商品和市场信息、协调供需关系的中间人。在临安城，因为对炭的需求极大，生意热火，所以，一些专门介绍烧炭制炭和买炭卖炭的中间人，被称作“牙炭”。

楼锡恢复低税政策后，商贾们奔走相告，严州税务“开闸放水”喽！随即，新安江上画风突变，越来越多的物流重又汇流严州江面。才过了三个月，严州一地未增一项新的赋税，却实现了税利倍增的奇迹，仅上缴国库的木材和柴炭一宗税钱，就超过了十万贯。

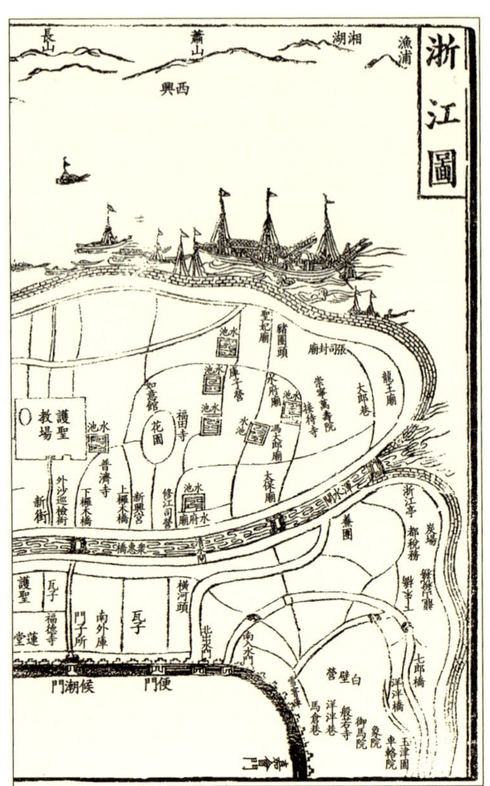

南宋潜说友《咸淳临安志·浙江图》局部，炭场依江而设。

木材和柴炭物流走水路，显然要比陆运多快好省。是以这宗物流一旦在严州这里被梗阻，临安城的城市建设、日用燃料均会受到影响。楼锡在严州的税务“新政”，虽说对严州本地和广大商贾惠利多多，但这事关系到京城百万人口日常生活必须的“能源安全”，所以归根结底，这才是严州税务新政的最大贡献。

所以，严州俨然成为赋税征收的好典型，引得京城上下一致称赞，朝廷户部和转运司的官员，一时间纷纷前来向楼锡学习“严州经验”。[1]众人对楼锡的财税之道，钦佩不已。

从严州对于木材和柴炭征税一事，也可以给临安城算一笔燃料消耗的账：

按照宋代常用的“十分抽一”的税率计算，临安城三个月所需的木材和柴炭，所值大致在一百万贯左右。也就说，一年中仅通过严州一路输送临安城的木材和柴炭价值，大数在四百万贯。

虽然现在还不太清楚其中柴炭的占比是多少，但我们从《咸淳临安志》中的《浙江图》上可以看到，临安城南的钱塘江（即浙江）边上有一个“炭场”地名，它的旁边就是“都税务”和“龙山税务”等税务机构，可见这处“炭场”的交易应当是具有相当规模的。

一个烧炭，烧出了“家家打炭墼[1]”的民风

在今天看来，当年临安城烧炭也是不得已而为之。

对于日常生活所需燃料是选择烧炭还是烧煤[2]，宋人多有不同看法。北宋沈括《梦溪笔谈》说，若能利用“石油”最好，胜过烧炭和烧煤。烧炭对植被破坏太大，烧煤则对大气污染极大。

元丰三年（1080），沈括被派到延州（今陕西延安）任知州。到了冬天，出生于杭州钱塘的他有点受不了北方的严冬苦寒。那怎么办呢？他后来写过一首《延州诗》说“二郎山下雪纷纷，旋卓穹庐学塞人。化尽素衣冬未老，石烟多似洛阳尘。”意思是说，延州七郎山与八郎山下，冬天一来大雪纷飞，我跟当地土著一样，赶快也搭个帐篷，在里面烧煤避寒，结果一个冬天还没过完，身上衣裳全变黑了，这煤灰烟尘啊，多得跟洛阳城里车马扬起的尘土有得一拼。这首诗当然是开玩笑写的，所以最后一句很夸张，但也很形象地刻画了烧煤引起的严重污染。

南宋庄绰《鸡肋编》说到，当年拥有上百万人口的汴京城里，没有一家是烧柴的，全靠煤炭。汴京城里的燃料以煤炭为主，应该是事实，但说没有一家烧柴，肯

①炭墼，柱状或块状的炭末压制燃料。墼，音jī。
②煤在宋代称作“石炭”。

北宋张择端《清明上河图》上仅有的两处烟囱

定说过头了。我们今天看张择端《清明上河图》，确实没看到煞风景的滚滚浓烟，但画中建筑屋顶上，却存在着两处烟囱。

到了南宋，由于自然条件的限制，临安城缺少煤炭来源，不可能套用汴京城的能源消费模式的，所以主要燃料品种只能以柴、炭为主。这也是一种不得不的选择。

临安城日用燃料既以柴炭为主，但是以烧柴为主，还是以烧炭为主？从现有文献资料看，燃料的交易场所以“柴场”为多，全城共有 21 处。但这很有可能是柴、炭同在一个场所交易，并无严格的市场区分。

而从消耗量分析，又以炭在“炭场”的吞吐量更为可观。《宋会要辑稿》记载说，光宗绍熙元年（1190）四月十七日，诏令临安府出面，禁止贩运柴薪的客商不得侵近临江居民的屋舍。江岸柴薪交易量之大，竟到了扰民的地步。而在概念上说，炭也应包含在这个“柴薪”之中。

至少，在皇城范围内及其周边地区，应当是以烧炭为主的。

南宋初期的修内司官窑就建于和凤凰山大内一山之隔的万松岭一带，没过多久，政局稳固之后，官窑又搬迁到临江靠近炭场的乌龟山郊坛下，都算是在大内的“贴隔壁”。据说，官窑烧窑最好的燃料是带油脂的松木，相比其他柴禾，松木可以烧至更高温度。但如果官窑的龙窑每天净烧的是松木，那个烟熏火燎以及星火燎原的隐患，对大内、对皇帝及其后宫眷属是不可想象的，也不能允许。所以，改用炭火烧窑，也不是不可能。

从赵构“御炉炭”这个故事来看，一个皇城内的耗炭量每天至少在 200 斤以上，则临安城总体上日均用炭量至少在十倍之数。因为从文献记载来看，南宋临安城的人口后来发展到百万之数，少说也有二三十万户人家，放到今天都是一个大城市。

而从《武林旧事》等文献记载看，首先在每年霜降之后，形成了一个“开炉日”。这天，皇帝开始穿上夹层厚罗衣，宫中御炭炉从这天点火后，一直要烧到第二年的二月初。官员的上朝官服也在这天换成了锦衣夹袄。

在临安城民间，因为广泛用炭，以至出现了一种外地所无的京城新特产——炭墼。具体做法是，将炭屑倒入模具，再用杵棒夯实紧压，定制成根块状的炭制品。临安城由此也生出了“打炭墼”这种本地特有的职业。

炭墼这种燃料制品因为是被压实打制的，所以特别耐烧，故而在冬天很受欢迎，临安人纷纷用来取暖过冬。每到岁末时候，各家各户都会去请那些专业手艺人来自己家里“打炭墼”，准备好过年取暖的炭墼。由此还形成了寒冬季节“家家打炭墼”这种特有的民俗。明代《西湖游览志余》用近乎儿歌的方式，记载了南宋临安的这一民俗：“九九八十一，家家打炭墼。”

“家家打炭墼”或许为夸张之语，但这在当时作为一种民俗现象，是毫无疑问的。由此可见，整个临安城的日均耗炭量数以千计以至上万斤，都在情理之中。而城南“炭场”的交易规模及其吞吐量也是可以想见的。

而作为民俗，杭州“家家打炭墼”的遗风，一直传到了晚清时期。

那时候的杭城民间习俗，大年初一忌讳劈柴生火，有“初一斧子劈开柴，劈开再也回不来”的说法，意思就是大年初一你砍柴，就等于是新的一年里你要破财了，因为在杭州话中，“柴”不发卷舌音，和“财”谐音。

那初一这天不能砍柴生火，家家户户必须的烧饭用火又如何解决呢？杭州人就想到了耐烧的炭墼。在除夕之夜，每户人家都会用炭墼做成一个叫作“欢喜团”的圆炉盆，炉盆中的火可以一直烧到大年初一。

具体做法是，在炉盆中把松柴架成井字形，生火点着后，再陆续添加小球状的“栗炭”为燃料，可保持炉火的长久不灭，俗称“生圆炉”，也叫“打松棚”。而这“栗炭”就是一种“炭墼”制品：岁末时候，把家中一年积存下来的炭屑倒入一个圆形模子里，用木杵使劲夯实，坚硬如板栗，越紧实越耐烧，最后做成一个硕大的圆匾形状的炭块，称作“炭墼之巨族”。

除夕这晚，将一颗颗“栗炭”放入已有松柴旺燃的圆炉盆中，一家人的团圆饭就设在圆炉盆旁，寓意阖家

明人臧懋循《元曲选·倩女离魂》插图中煨药的炭炉。明万历刻本

团圆、新年合欢、百事兴旺，所以叫作“欢喜团”，也叫“欢喜过年”。经过紧压的“栗炭”非常耐烧，所以“欢喜团”中的炭火可以通宵不灭。有条件的人家会每个房间放上一盆“欢喜团”，既是守岁之夜卧室里驱寒取暖的一种必需，也是新年初一各家各户炉灶中得以薪火相传的火种。

清代乾隆时的文学家吴锡麒是钱塘人，曾有一首吟咏“欢喜团”的诗说：“开炉重得彩，余喜复余欢。火色明通夕，春光聚一团。几人先附热，举室不知寒。笑指青红意，还将儿女看。”诗中描写了除夕夜“欢喜团”的彩头、寓意、温暖和欢乐，生动有趣，恍若眼前。

回头再说南宋临安的柴炭市场。那时的钱塘江边有一“炭场”，城中又有“炭桥”，时间上更早的《乾道临安志》还记载了临安城候潮门外和余杭门外的一南一北两座炭桥。这些都说明南宋时临安城的柴炭供应渠道，基本上以江河水道为主。

钱塘江上游运来的柴炭在“炭场”一带的江边码头卸货分销，不但对皇城大内用炭提供了便利，而且对用炭量颇大的官窑也带来了极大的方便——南宋官窑的搬迁案例，就足以说明这个炭场的作用。

柴炭出产地如严州地区，因为临安城较为稳定的产品需求，获取相应可观的经济利益应是事实，但由此带来的对当地环境的严重破坏，也是不容回避的。

由前面的故事可见，临安城对于炭的消耗量极大，耗炭量越多，对于临安城来说，就越能减轻因烧柴而引起的弥漫烟雾的危害。但以 5 斤木材出 1 斤炭的木材烧炭“产出比”来说，临安城周边州府一年被砍烧木材之数，少说说都在上千万斤。对于木炭原产地来说，如此巨大的烧炭量无疑会严重损害当地的生态环境。

南宋庄绰《鸡肋编》就说到，因为皇帝驻跸临安城，原本吴山青、越山青的广大山林地区，现在却因为砍柴做饭的需要，“岁月之间，尽成赤地”，这描写看看也是很可怕的。

所以，可以这么说，临安城的能源供给保障，是以周边地区民众付出极大的环境代价作为基础的。而从另一个角度看，大量烧炭虽然牺牲了附近州府的环境利益，但临安城终究免于类似“石烟多似洛阳尘”这样的大气污染，这对临安百万民众来说，又是极为幸运之事。

「（施）宜生闽人，（张）焘以'首邱桑梓'语之。宜生敬焘，颇漏敌情……（完颜）亮又隐画工于中，即使密写临安之湖山城郭以归。既则绘为屏，而图己之像，策马于吴山绝顶，后题以诗，有'立马吴山第一峰'之句。盖亮所赋也。」——《建炎以来系年要录》卷一八三

「绍兴九年，以张澄奏请，命临安府招置厢军兵二百人，委钱塘县尉兼领其事，专一浚湖；若包占种田，沃以粪土，重审以法。」——《宋史》卷九七《河渠志》

「宋马麟《西湖十景册》，绢本。」——《江村销夏录》卷三

第五章

西湖一首词一幅画，竟然触动了一颗好战的心

金朝使者见四下无人，忽然说：“今日北风甚劲！”

昨天还是一副暖冬的样子，一夜风雪，就把临安城冻得冰凉刺骨。

而让临安人没想到的是，一场来自北方的战争风云，也在悄然酝酿，倏忽到来！

早在绍兴八年（1138）下半年，宋金之间就开始了第一次和谈，并在次年达成了和约。

但这次和议并未带来多久的和平。绍兴十年（1140）五月，金国单方面撕毁和约，对宋朝再次宣战。金兵四路从山东、两淮、河南到陕西一线，对宋人大开杀戒，发起了全面进攻。和约在一夜之间变为一文不值的废纸。

当时幸好有南宋中兴名将岳飞、韩世忠、吴璘和刘锜等人浴血奋战，接连挫败金兵。遭到惨败的金人不得不在绍兴十一年再次向宋朝伸出了“橄榄枝”，双方重开和谈。到这年年底，双方达成和议签字生效，史称“第二次绍兴和议”。

对宋人来说，这次和议的结果屈辱且不平等，国格上南宋向金朝称臣，皇帝还需由金朝册封；国土上南宋彻底放弃了河北、山西以及中原等地；经济上南宋每年要朝贡银绢五十万两匹。

然而，“绍兴和议”的积极意义也不能偏废，最显著的一点就是，它使得宋金双方残酷而大规模的战争得以停歇，并由此换来了双方之后长达二十年的和平岁月。宋人正是凭借这段宝贵时间，休养生息，满血复活。

绍兴十二年（1142）宋金达成和议之后，一晃十八年过去了。这其间，每年双方使者往来贺岁、庆生，或国事互通，相安无事。

这年，绍兴二十九年(1159)的冬天，新年即将到来，金国这次派来贺岁的“正旦使”，是尚书礼部侍郎、汉人施宜生，副使则是契丹人耶律翼。

宋朝这边派了吏部尚书张焘作为接待金使的正牌官员。这两相一比较，就可以看出，宋朝接待官员的品级要明显高出金使一头。这也是因为“绍兴和议”明确规定的两国“君臣”关系，宋朝低人一等。所以，在使节往来的礼仪上，宋人往往也以更高品级的官员相待金人。

可是，这次双方官员的相见场面，却是非常诡异——

金使一行人抵达临安城，在都亭驿馆舍下榻后，施宜生在客厅里首次会见张焘时，肃然起敬，全然没有以往金使的那种倨傲之气。他以一个谦恭的侧身姿态，主动把张焘介绍给他的副使耶律翼，并以一种不无敬佩的语气说，这位张尚书，就是以前不让南朝皇帝拜受大金诏书的张大人。

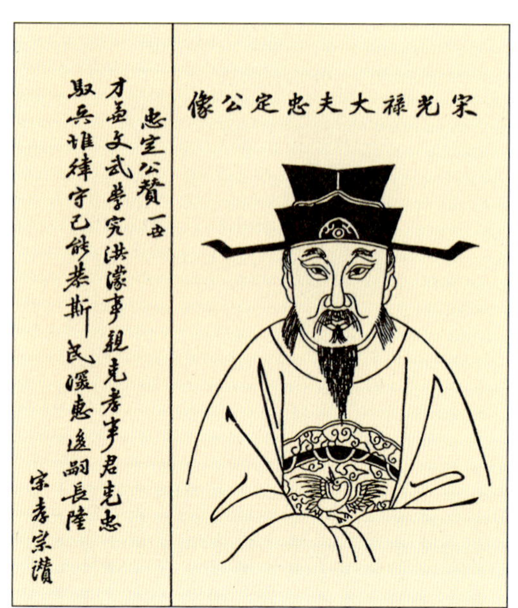

张焘像

张焘的这个故事发生在绍兴八年（1138），当时金国第一次向南宋派出使臣，想要休兵和谈。赵构为了抓住这一难得机会，准备不惜以跪拜之礼，接受金国诏书。却因张焘的竭力劝阻，赵构在金使面前最终没有下跪，保全了宋朝最后的颜面。

现在施宜生重提20年前的往事，让老张焘有些佝偻的腰板陡然挺直了不少。虽然已是六十多岁的人了，但张焘很是敏锐，他直觉施宜生的恭敬并非口是心非的虚伪做作。于是，在冠冕堂皇客套了一番之后，便坐下来跟对方海阔天空瞎扯起来。他想在闲聊中或许能有什么意外收获。

其实，他俩是老同学了，北宋徽宗政和年间，两人同在太学“崇化堂”深造。

施宜生是太学的优等毕业生，学问很是了得。后来转投金国后，在完颜亮当皇帝时，给过世的金兀术写了篇非常出色的墓志铭，接着又在完颜亮的一次以“射熊”为题的狩猎现场即兴作赋比赛中，拔得头筹，因此被加官晋爵，做到了翰林侍讲学士，算是专为皇帝讲学的近臣。

张焘的学问更了得，他是当年的“探花”得主，这次施宜生来访前又被加了一顶端明殿学士的帽子。

两个同一片蓝天下成才的老同学，现在聊起天来故态复萌，尽是些之乎者也的掉书袋言辞。而边上的副使契丹人耶律翼，却被这种玩到极致的文绉绉搞得云里雾里，最后，厌烦得实在坐不住了，便找个借口溜出去了。耶律翼这一走，其他随从如女真人、契丹人等也都纷纷开溜。不一会儿，本来人就不多的客厅里，就剩下了施、张二人，兀自酸不拉唧飞沫四溅。

但也就在这时，两人的谈话忽然画风一变——

先是张焘说了两句诗：“行所当行止当止，错乱中间有条理。”这是以前施宜生评价黄庭坚草书的诗句，张焘今天拿来吟咏，在拉近两人感情距离的同时，也是话中有话，希望他有所为而有所不为。

施宜生则问张焘：“尚书记得‘崇化堂’前步月时

金朝“翰林侍读学士之印”。此印属于稍后于施宜生的党怀英（辛弃疾少年同学），是以施应也有类似官印。清刻本《金石索》

否？”这是怀念两人在太学时候一起书画品鉴、诗赋唱和的那段交谊。

张焘并未直接回答，而是端起茶杯轻嗅了一下茶香，道：“翰林想未忘情本朝耶？”这一句话，瞬间把两人的同学之谊，上升到了家国情怀。

施宜生没有接话，张焘就直勾勾地盯着他，然后又掉了一句书袋：“闻得翰林久奉北朝嫡父，岂无‘首丘桑梓’之念？”那意思是说，您施宜生好歹也是咱大宋培养出来的人才，就这么甘心认贼作父？您想想，狐狸将死，都晓得把头朝向自己出生的山头，您总该有那么一丢丢的故乡情谊吧！

施宜生一张老脸顿时涨得通红，又不敢直面张焘，下意识低头连啜了几口茶汤，方才缓过这阵尴尬。他迟疑片刻，抬头打量了一下就剩下他俩的客厅，忽然答非所问地说：

“今日北风甚劲！”

张焘一愣，不明对方这句话究竟啥意思，一时竟接不上话来。

施宜生见张焘有点发蒙，从一旁书桌上抓过一支笔，连连敲击桌子道：“笔来！笔来！”那语气分明加重了许多。

张焘觉得施宜生好生诡谲，因为他故意加重的语气，竟然把“笔”的声调念成了去声。他正要问个明白，却见门帘一掀，耶律翼进来了，一脸疑惑的表情，望着他俩。张焘只得咽下刚想出口的问话，把话岔开去了。

“这家伙什么意思？”张焘作别金使走在回家路上时，满脑子就想着施宜生那奇怪的措辞和语调，想着对方肯定是话中有话。

一阵寒风迎面扫来，张焘忽然有所觉悟。“笔来！笔来！”这不就是说，那股强劲的“北风”必来啊！他恍然大悟，施宜生的话中原来隐藏着金国的一个重大阴谋，那就是撕毁宋金双方共守近 20 年的“绍兴和议”，对宋开战！

他不禁打了个寒战，立即折返身，向皇城大内方向疾步而去……

“三秋桂子，十里荷花”，“撩”动了一代枭雄

张焘的判断完全正确，金国正在紧锣密鼓准备背盟侵宋！

那么，宋金和平相处已近 20 年，金人何以忽然又要与南宋刀兵相见呢？说起来也太匪夷所思，那就是时为金国皇帝的完颜亮，某天读到北宋词人柳永写的《望海潮》一词时，忽然心旌摇曳，醉了！

其实，一百年前的柳永，就已经被杭州西湖醉了一次，并在“醉醒时分”写下了那首著名的《望海潮》：

> 东南形胜，三吴都会，钱塘自古繁华。烟柳画桥，风帘翠幕，参差十万人家。云树绕堤沙，怒涛卷霜雪，天堑无涯。市列珠玑，户盈罗绮，竞豪奢。　重湖叠巘清嘉，有三秋桂子，十里荷花。羌管弄晴，菱歌泛夜，嬉嬉钓叟莲娃。千骑拥高牙，乘醉听箫鼓，吟赏烟霞。异日图将好景，归去凤池夸。

完颜亮这天就是读到其中的“三秋桂子，十里荷花”时，一股极其强烈的欲望，从沉醉的心里勃然迸发——他要实现一个远大理想，到临安去！“撩”西湖去！

天下真有那样的“形胜”“都会”“繁华”和“好景”吗？怪不得赵构老小子要选在杭州建都！这可以想象出来的水灵灵的画面感，可要比咱这北地风沙黄土，漂亮一千倍！不行！咱不能眼睁睁瞅那姓赵的老小子独占了，得把杭州抢过来，必须的！

可是他掐指一算，柳永写杭州那是一百年前的事儿，今天的杭州已是南朝京城改叫临安了，那画风模样又会怎样？是不是更漂亮、更繁华了呢？他浮想联翩，不好拿定。但他还是从柳永这首词的最后一句话中得到了启发：“异日图将好景，归去凤池夸。”能否有个出色的画工，也为咱细细描摹一幅今日杭州的画卷？

主意既定，他马上付诸实施。正好岁末将至，按照惯例要向宋朝派出贺岁的“正旦使”，就叫翰林院选派几名顶尖的画工，混在使团中，一起到临安去。

所以，这天耶律翼不耐施宜生和张焘的掉书袋，借故出去，其实就是去部署本次使命中最最重要的大事：密绘临安！

耶律翼正对几个画工悄声叮嘱，猛听得客厅里施宜生用硬物啪啪啪的敲打声，和连呼“笔来”的奇怪声，心里忽有警觉，便返身客厅，想要看个究竟。

那么，施宜生为啥又会故意向张焘泄漏金国秘谋侵宋的企图呢？

原来，生不逢时的施宜生在“靖康之变”的社会剧变中，为了混口饭吃，曾跟着范汝为领着一帮走私盐商在闽北地区造反。造反失败被流放琼州（今海南海口），却在半路逃脱。罪犯成了逃犯，他一不做，二不休，一

福建京剧院本世纪初演出的京剧《北风紧》，田磊饰施宜生，孙劲梅饰其妻完颜标艳。

路逃到了沦陷的北方中原，先是在刘豫的傀儡政权里做事，后又在金朝做官。应该说，从一名阶下囚被抬举到显赫高官，金国对他是有知遇之恩的。

但张焘对他认贼作父的讽刺，以及“首丘桑梓”的劝诱，又触动了他对故国养育之恩的感情。关键是完颜亮为一己私欲而毁约背盟、擅启战端，明摆着毫无正义可言，明摆着南北的黎民百姓将再遭浩劫。由此，他内心深处的养育之恩最终战胜了知遇之恩，以一种隐晦的暗示，向张焘泄露了金国即将动手的重要情报。

耶律翼明显感觉施宜生出了“状况”，但一时也没法搞清楚，只得先将主要精力摆在“密绘”这事上。他率领着一批金国最优秀的画工四处踩点，寒雨中去，风雪里来，居然在很短的时间里，将临安的湖山城郭画了个遍。

而这其间，耶律翼发现施宜生对“密绘”一事不闻不问，漠不关心，便非常不爽。

某天，他又看到施宜生在都亭驿粉墙上题的诗句：“江梅的烁未全开，老倦无心上将台。人在江南望江北，断鸿声里送潮来。”心里更是萌生了一种怨恨：老子吃尽风寒之苦，蹚遍了临安城里里外外，而你这蛮子爬一个将台山（在皇城凤凰山西南侧），就这么唧唧歪歪！本来借此机会上将台山，可以好好观察观察大内附近的山水形势，这样要紧的事你却没兴趣，只把力气放在寻花看潮晒心情上，还望这望那的，什么意思？他看施宜生越看越不顺眼，也越看越来气。

回国时，耶律翼一路作死的节奏，到处寻衅滋事，公然抢夺宋朝官马，鞭笞宋朝小吏，甚至扔下施宜生，独自先行渡过界河淮河回国。施宜生对此也不闻不问，也不向上汇报。

施宜生墨迹《苏轼书李白仙诗卷跋》局部。用笔模仿苏轼，不失老到。此诗卷另有金朝蔡松年、蔡珪等题跋。施跋提到的“卫公”即蔡松年。大阪市立美术馆藏宋朝伴使官员对耶律翼的暴行提出强烈抗议。金国因为此时还未跟宋朝撕破脸，得给对方一个交待，结果，耶律翼以邦交失礼的罪名，被暴揍了两百皮鞭。施宜生因为知情不报，也挨了一顿棍棒。①

金国这次使宋的“正旦使”，就此惨淡收尾。

只有完颜亮一个人兴奋莫名！他看到了一幅画成整整一堵屏风规模的西湖山水及临安城郭全景图，第一眼“美”！第二眼“很美”！第三眼“太美了”！

柳永词里的杭州，是一个形象却又抽象的文字描画。现在大金画师给咱带来的，是对这座山水城市最新鲜、最形象、最真切、最精美的描摹！同是描绘这座江南名城，相隔百年的这一首词和一幅画，一文一图，竟然在咱大金完美合璧。你瞅这绿水青山，清丽、灵秀，温婉、优雅，天合之作，实在太美妙了！

完颜亮沉醉了，陶醉了，迷醉了，如痴如醉……

“此情此景，咱想吟诗一首！”完颜亮忽然如梦初醒，才思泉涌，大声吟诵起来：

万里车书尽混同，江南岂有别疆封？
提兵百万西湖上，立马吴山第一峰。

这意思是说，咱必将一统这万里河山，岂容你南朝割据江南一隅？西湖啊，大金百万将士早晚会来的！再美的江山都在咱脚下，吴山第一峰，咱这就来啦！

完颜亮一遍又一遍地吟诵这诗，充满了自豪感和现场感。末了，意犹未尽，又唤来一名画工，命他在这幅

①《金史·施宜生传》载施回朝后，因泄密被完颜亮烹杀。但据蔡珪（施的同僚好友蔡松年之子）所著《宜生行状》，以及《世宗实录》记载，施宜生泄密之事并未被金人发觉，直到金世宗完颜雍大定三年（1163）六月去世，享年73岁。

明人陈昌锡《湖山胜概》上的吴山总图。明万历年间彩色套印本。
法国国家图书馆藏

巨画上添写这首诗的意象。那画工在画前略一端详，就在西湖吴山之巅，工笔绘出一位俯瞰临安山水的铠甲骑士，威武雄壮，豪迈无比！

完颜亮哈哈大笑。

六十万大军！这是立志“提兵百万西湖上”的完颜亮最后能撸刮到的全部家当。四舍五入，号称百万雄师，宋人一定吓傻了吧。

于是，正隆六年（1161，南宋绍兴三十一年）秋天，宋金维持了 20 年的“和约”被完颜亮亲手撕毁，金兵突破淮河，直扑江南。与此同时，另一路金兵水师则在陈家岛（今山东青岛附近）集结，准备从海上进袭浙江（今钱塘江）。

明人《异域图志》中的女真人。明刻孤本，剑桥大学图书馆藏

然而，早已听闻“北风劲”的南宋一方，毕竟是有准备的。虽然在江北和两淮一带的交手，宋军落于下风，但并未出现金人所期待的那种一边倒的情况。

反倒是金兵水战这块“短板”，最终成为完颜亮的噩梦——在攻取采石矶（今安徽马鞍山西南）的渡江战役中，金兵折戟沉沙大败亏输；而陈家岛金兵水师还未起锚，就被远道而来曾为岳飞部将的宋将李宝水军先发制人，团灭全歼。完颜亮则在一场兵变中，被自家人活活射死，身败名裂。

西湖未受一丝惊扰，依然碧波荡漾，云卷云舒……

“撩湖”汉子重振旗鼓，百年西湖越“撩”越美

一湖山水激起一场战争，也顺带送走了想要“撩”湖的一代枭雄，这种事古今未闻，中外罕见。

那么，为什么是西湖?

其中一个重要的原因是，围绕西湖有一支专门的队伍：“撩湖”汉子。

西湖在南宋的一百多年中，“撩湖”汉子最多时有两百人左右。他们对西湖的“撩”，是一种专业和职业，就是捞淘淤泥、疏浚西湖。这迥异于完颜亮想要的那种玩耍、逗玩意味的“撩”。

南宋时专业浚湖的“撩湖”汉子，其实是一支“特种”部队，隶属临安城地方守备军队“厢军”。但南宋并非是这一兵种的首创者。早在五代吴越国时期，钱镠就专设了一支千人规模的“撩湖兵”，日夜开浚，深广湖水，为西湖出落得如此秀美，打下了扎实的基础。

不过，南宋的“撩湖”并不那么容易，也有个波折的过程。

话说绍兴九年（1139）八月，临安城刚完成了一项重大城市建设项目：官府调集两浙地区一千多“厢军”，从上年十一月开始对城内大小河道进行疏浚，现在终于竣工了。对这项方便生活和生产的利民举措，老百姓欢欣鼓舞，评价极高。

这项工程最初是知临安府张澄提议并向赵构奏请实施的，现在论功行赏，张澄肯定是首功人物。可是他却并未因此乐开了花，反而陷入了一种沉思状。

张澄上年二月走马上任以来，经实地考察，发现西湖水位明显要高于临安城区地势。所以此次疏浚运河，畅通河道，原本也是为了西湖水更加流通，由此达到秀水常清，美景常在。

不过他也发现，西湖湖面至少有一半的面积，人为种植了茭白、菱角和芡实等大量可供食用的水生植物。自从绍兴八年（1138）官家将临安定为行都后，城内人口越来越多，一日三餐总得有菜下饭，这些水中时蔬便是本地传统的美食，供不应求。特别是每年夏秋之交，一群仕女采菱湖上，清歌唱和，风韵传动，不仅是西湖的一道美景，也是江南别样的风俗。

然而，现实也很“骨感”，这出“江南采菱调”的背后，却有一个非常“辣眼睛”的画面。地上种菜必须施肥，水里植物也需浇粪，否则，你那些收获因为“营养”不良不成样子，搁菜市场吆喝得再起劲，都没人搭理。所以，每到春夏时候，菜农在湖上施扬粪肥，那画风让游览西湖的中外游客，看得太恶心了！

还有一个要命的问题，就是这些美味蔬菜在市场上都是抢手货，所以在西湖里种植的面积越来越大。张澄随便站哪个地方看西湖，都会看到由那些茭、菱、芡积聚蔓生形成的“葑田”，大片大片浮于水面，感觉西湖是越来越小。尤其是他还了解到，每年采收之后，葑田会自然腐化变为泥土，于是西湖水体越来越浅，很多地方稍遇干旱，便成了旱田。长久下去，西湖必将淤积消亡。

那么，想要保住西湖的天生丽质，临安府下一道不许养殖葑田的禁令，不就可以了吗？答案却是：你想都不要想！

因为西湖水面并非你想占据就能占据的，而葑田收获利益又非常大，所以这里面也有个像土地兼并一样的过程，到如今这许多葑田都有很硬的后台，不是哪个豪门权贵的，便是哪个皇亲国戚的，太棘手！你张澄禁得了他们？

正当张澄左右为难、头疼不已时，朝廷忽然向他颁布了奖赏：因为疏浚运河有功，深得民众口碑，他被升为户部侍郎。这是个相当于后来副部级的高官，看来官家对他的作为印象不错。他灵机一动，何不借此机会，直接向官家再有所建议呢？

这年八月十七日，张澄面奏赵构，直截了当提出，朝廷应该出钱，组建一支“撩湖兵”，专门治理西湖。

他的第一个理由是，“撩湖兵”古已有之，不是咱瞎想出来的。钱镠那会儿有人说，只要填平了西湖，他吴越国的江山可保百年不坏。可人家钱镠愣是不信，非但没有干那傻事，还专门搞了一支专业“撩湖兵”，足有一千人，把西湖搞成了这世上最漂亮的地方。咱大宋现在可不能叫钱镠给比下去了。

第二个理由，就拿本朝最让人崇拜的苏东坡先生说事。东坡说，“杭州之有西湖，如人之有眉目”，杭州不能没有西湖的！所以东坡先生禁限葑田，撩湖清淤。可那以后50年过去了，再没见过疏浚西湖了。官家您去看看，好好的西湖现在都快被那些有权有势的人瓜分完了，那一块块葑田都是他们嘴里的肥肉，还嫌太少，谁还会想着去疏浚西湖？

第三个理由是，西湖好，咱大家才好。这西湖不仅漂亮好看，关键是还给全城老百姓带来太多的好处。您想想，饮水、洗刷、造酒、酿醋、交通、灌溉、抗旱、泄洪，哪一样少得了西湖？别的不说，咱们喝的水归根结底就是西湖水，但这水都被大粪给污秽了，还能喝吗？还能酿造酒醋吗？还能拿这样的酒去敬献祖宗吗？

赵构听到这里就觉着反胃，急忙打断张澄的话，说西湖的事你想干什么都可以，俺都支持，你去干就是了。

有了皇帝支持，张澄立即就把“撩湖兵”重组置办起来了。

首先，他为这支队伍“定编”两百人，虽然人数不算多，但职责就是专门疏浚西湖，其他啥也不用干。然后，将这支“撩湖兵”划归于厢军“崇节指挥”序列，他们的服装和饷银等，均按照该序列士兵的待遇标准发放。最后，他指定由钱塘县尉负责“撩湖兵”一应浚湖事务。

此外，张澄还有“新法”跟进，临安府颁令，从今往后禁止在西湖种植葑田，如果再发现有人包占葑田、浇肥施粪的情况，严惩不贷。

五代吴越国钱镠首创“撩湖兵”，西湖第一次有了官办的专业疏浚队伍。南宋张澄再设“撩湖兵”，使这个中断了一个半世纪的官方机构得以重构再造。

南宋“撩湖兵”的重组，与另一支北宋景祐年间（1034 - 1038）工部侍郎张夏创立的、也属于官方创办的专修钱塘江海塘的“捍江兵”一道，以“国家队”的专业标准，共同维系着杭州这个城市最基本的保障工程，使得杭州在“因塘而存”的根基上，进一步“因湖而名”，并最终使得“上有天堂，下有苏杭”实至名归。

然而，并不是所有的知府都有张澄这样的西湖情结。

张澄之后上任的两位知府沈该和赵不弃，这两位的专长强项是理财赚钱，“撩湖”这事他们只看到花钱，还要断了不少人原本种植茭菱的收益，所以这跟钱“过不去”的事他们都懒得搭理。

他俩任职都是半年多时间，就被提拔调走了。别看都“升官”了，但“撩湖”的事都做得很差劲，该有的官府禁令被视作可有可无，不能弃用的“撩湖兵”也一大半被抽调他用，原先定编的两百人，只剩下三四十号人，而且连个住地和船只都不能保证。所以这么才一年多时间，西湖就已经“撩”不动了。

绍兴十九年（1149），西湖终于出事了！

这年赵构在西湖坐船春游，游着游着，他的脸色就越来越难看了。可左右发现，这西湖水比官家的脸更难看，不但很多地方水已变得很浅，还时不时地发出阵阵不可言状的恶臭。赵构败兴而归，一气之下发了道诏令，要临安府好好查查这是怎么回事。

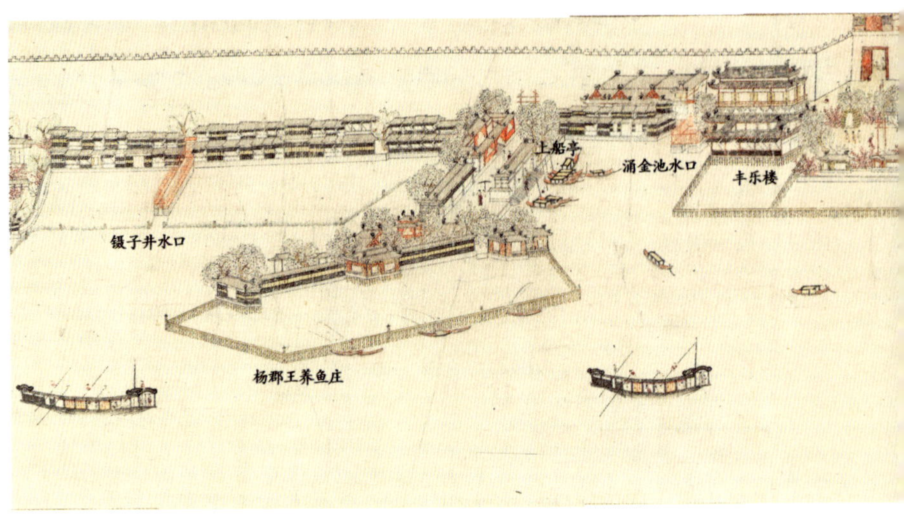

《西湖清趣图》上丰豫门外的西湖水口。华盛顿弗利尔美术馆藏

去年八月来临安出任知府的汤鹏举接到官家指示，不敢怠慢，亲自出马搞调查。他一了解，发现那剩下的三四十名“撩湖”汉子基本不干活了。为啥呢？

这些“撩湖”汉子说，临安府早些年颁布的西湖不许种植葑田的禁令，早成废纸了，那些有钱有势的人公然包占西湖葑田，今年又新增了不少莲荷种植区，官府竟然还从中抽取租金，这不就是将葑田合法化了吗？您看现在的西湖都这样了，还要我们这些“撩湖”的干吗？您说这湖水淤浅发臭，大家都要喝粪水了。是啊！但这事别拿我们顶杠，我们又没在西湖里浇粪施肥，对不？

这怎么行！汤鹏举知道问题出在哪里了。他上奏赵构的调查报告提出了三条解决方案：第一，恢复“撩湖兵”原有两百人的编制，“满血”开工，并且还让“撩湖兵”有房住、有船行，从今往后，他们只干“撩湖”一桩事，不再另外派活。第二，专门指定钱塘县头牌武官，主管这两百“撩湖兵”，今后西湖再出什么“幺蛾子”的事，唯他是问。第三，重申张澄时候颁布的葑田禁令，官府已收取的租金一律退还，若有人再敢顶风作案，养殖葑田，当以违法论处。

汤鹏举这次整治西湖，收效明显。所以，当完颜亮派人“密绘”临安湖山的时候，正是西湖被“撩”到“颜值”最佳的时期。那幅“密绘”的湖山全景图，虽然绘于隆冬季节，那景象仍把完颜亮看傻了。

当然，在整个南宋时期，西湖治理仍有反复，临安府此后有多名知府也曾不畏权贵，不依不饶坚持“撩湖”。

譬如孝宗乾道五年（1169），知府周淙再次填补“撩湖兵”缺额，重申禁令，几乎就是张澄和汤鹏举治理西湖的翻版。除了治湖，周淙还重修了唐代李泌六井和北宋沈遘惠迁井，将西湖水与城市生活予以了更完美的结合，深得百姓称颂。

乾道九年（1173），知府沈度再度依法治湖，割除葑田。淳熙十三年（1186）和十六年（1189），知府张杓连续两次疏浚西湖。理宗淳祐七年（1247），知府赵与篙[①]利用杭州遭遇的百年未见的大旱，西湖水位正值最浅的机会，再申法令，除尽葑田，开浚西湖，淘浚六井，是一次非常彻底的“撩湖”行动。度宗咸淳四年（1268），知府潜说友[②]又来了一次颇具规模的“撩湖”行动，除尽葑田，管治水口，整修井渠，多名污秽西湖的内侍头目、御药院官员，也在此次治湖中被殿中御史鲍度弹劾受罚。

为有源头活水来！以上这些临安府官员的“撩湖”之举，使得西湖环境和水质，得以长久维护。西湖越“撩”越秀美，成为众多文人士大夫的“精神家园”。

① 该异体字音chóu，字义与畴字同。
② 说，音yuè。

一名画坛宗师的职业追求：一“马”当先

南宋进入它第一百个年头时，正值理宗赵昀宝庆二年（1226）。

这年初春时节，每天傍晚时分，钱湖门（今万松岭路与南山路交叉口）闭门前的一个多时辰里，总会有一位白衣道袍的老者从此出门，也不走远，就在附近湖边，时而徘徊岸际，时而坐望远山。

他就是附近万松岭下御前画院[1]中，德高望重的“三朝元老”祗候马远。

马家为两宋绘画世家，先祖马贲为河中人（今山西永济蒲州镇），哲宗元祐、绍圣年间（1086—1098）就已经是驰名天下的宫廷画师——御前画院待诏。宋室南渡，马家跟随赵构来到临安，世代仍为画院待诏。

马远得家传之妙，造诣更高，从光宗、宁宗直到现在的理宗，历经三朝，独步画院，荣膺祗候衔名，算是画师中的高级职称了。

而且更重要的是，马远创造了他的一个时代。他的

①南宋御前画院院址有两说，除了南山万松岭麓之外，还有记载说在富景园，即今望江门以西一带。

南宋马远《山水册页》局部

作品深得官家喜爱，尤其是前任官家宁宗赵扩及其杨皇后，马远但凡有什么佳作问世，他们总会在画上亲笔题跋，以示喜爱。前些年，马远创作了十幅《临安山水册页》，赵扩竟然当一桩要事来做，与杨皇后一起认真做起“功课”来，或搜肠刮肚，或寻章摘句，为他的每幅画题诗一首。这对一名宫廷画师来说，真是前无古人，后无来者的一种殊荣。就凭这点，御前画院的“领军人物”非他莫属。

已然是宗师级的一代画师马远，此时此刻却没有功成名就的那份怡然自得或得意神气。在他的眉宇之间，总挂着一丝忧患神色。那么，他在忧患些什么呢?

替他细细捋一下，大概会有这样一些忧虑：

先从自身现状来说。新官家登基之后，这朝政大权仍被老官家时的独裁宰相史弥远一手把控。于是，新官

南宋马麟《荷香清夏图》局部，描画了西湖夏天一景。辽宁省博物馆藏

家把更多精力放在了声色犬马、琴棋书画上。原以为新官家的艺术口味会与先帝不同，可出人意料的是，马远依然得宠，被指为画院“第一人”。但是马远年事已高，精力、笔力、想象力都已大不如前，官家每有作画谕旨，总感到力不从心。官家越宠爱，马远越心惊。他想，再这么下去，自己还不崩溃吗？

再从内心情感上说。马远为臣三朝，三朝官家恩如泰山，所以即使哪天“马远时代”翻篇了，他其实也没啥放不下的。但有一人让他放不下心，那就是爱子马麟。马麟也是御前画院的一名待诏，马远对他从小调教，如今一手画艺堪称绝妙。现在马远担忧的是，这小子似乎少了份精益求精、再上层楼的追求。画院中又是高手如云，很难说自己哪天“过气”了，这小子还能像自己一样，继续得宠于官家吗？

而从整个画院来说，马麟能否在其中继续扮演一“马”当先的角色，关系到御前画院未来的格局，和他马家未

来的荣耀。一名待诏要在画院中出人头地，你在创作上得高人一筹。怎样才能高人一筹？画艺技巧是个重要方面，但大家彼此彼此，相差不大。关键还是看你能否做到人无我有、人有我优。反过来从画院的角度来认定一名领袖者，关键还是要看你能否开创一种新的标杆和样式。那马麟这小子有这能耐吗？御前画院还能否像现在这样，唯他马家之首是瞻吗？

就绘画题材的出新而言，马远想到了一桩事：

前些天临安城里春雨润物，官家也许正好读到韩愈的那首诗《早春呈水部张十八员外》：“天街小雨润如酥，草色遥看近却无。最是一年春好处，绝胜烟柳满皇都。”马远当时接到官家口谕，要求画院创作一幅“绝胜烟柳满皇都”的新作。

这种时候，马麟肯定是近水楼台先得月，马远不但将官家的“规定动作”交给马麟创作，还全副身心与儿子商讨此画如何别出心裁，才能一举得中官家的欢心。最后马麟执笔、马远指导的《皇都春色图》大受官家的好评，马家又一次得到了恩赏。

然而，仅有官家的点题出新是远远不够的！更多时候还得自己有高人一筹、独具匠心的“自选动作”。唯有不断出新，他马家才能在画院中保持一“马”当先的领袖地位和引领格局。可是出新有那么好出的吗？江郎还有才尽时，谁没有个“黔驴技穷”的时候？更何况，关键还得看马麟自己有没有新想法。

所以，马远的忧患意识来源于对爱子能否尽快成长和成熟，能否在画院中独当一面的担忧，来源于他马家还能否继续“领袖”画院的患得患失。而这其中最核心的问题，则是他对绘画创意极难再有突破和提升的忧虑。

新意！还必须是绝好的新意！

马远这天望着湖光山色，一直望到晚霞褪尽，南屏山下净慈寺的钟声在湖山之间訇然传响，他心里突然有了一个想法。

点睛“十景”：开创西湖文化新范式

马家住在钱湖门与清波门之间，与画院前辈、祇候刘松年的住处相距不远。

这天马远回到家后，还没说出自己的想法，马麟却先开口了。

因为创作《皇都春色图》而深得官家的褒奖，马麟这些天心情极好。见老爹回家，还在饭桌上，他就兴高采烈地提出了自己一个新的绘画构思：用大尺幅上好细绢，创作四幅西湖图，取景北山保俶塔、西山苏公堤、南山净慈寺、湖中孤山路，每一幅宽有三尺，高可七尺，也就是一人多高。为啥有此一想法呢？他要超越前辈画师刘松年描绘西湖春夏秋冬的《四景山水图》[1]。

赶超先辈，这是好事啊，值得肯定。但马麟细说了具体构思，马远就有点坐不住了。原来，马远与其画院好友夏圭开创了一种注重边角布局和构思的画法，通过大块留白营造深远莫测的意境，由此开创了一种极具品位的绘画风格，被人称为“马一角”“夏半边”。

现在马麟的构思或以云烟吞吐的构图，或以酣畅淋

①中国邮政2018年8月发行刘松年《四景山水图》邮票一套四枚。但也有如《中国历代画目大典(战国至宋代卷)》引“中国古代书画鉴定小组”的意见，认为该作品“为宋人画”，未定它是刘松年所绘。三尺的宽度约为一米。

北宋李公麟（传）《潇湘卧游图》局部。东京国立博物馆藏

漓的笔法，立足于满幅着墨，类似刘松年四景图的整幅下笔，但在尺度规模上要大大超过四景图。马远意识到，马麟的这次创作只是在规模气势上夺人眼球，但在艺术构想上，殊无高人一筹的新意。

马远刚想一口否决儿子的想法，却见他说得兴致勃勃，便转了一个思路说："你这想法让爹觉得，画西湖还是要从细微处着墨。眼下画院中的待诏李嵩、陈清波，还有净慈寺那位玉涧和尚，都喜欢画作西湖全景图，以为这才是大开大合的大手笔。殊不知，西湖不大也不小：不大，即可全景描绘，一览湖山；这固然是好，但西湖景致其实是异常的大，四时节气、鸟语花香、风月雨雪、晨钟暮鼓，无不可以入画，无时不可以入画。是以画师取其一景，便可感悟诗意，而别出心裁。这也是刘老前辈《四景山水图》能够享誉天下的原因所在。"

马麟道："可不是嘛！要说西湖全景图，高宗皇帝时的北朝使者，也有'密绘'的《临安湖山图》，据说还引得北朝皇帝毁约背盟，加兵本朝。但以咱们画院画

师来说，全景西湖可一可二，却不可再三再四，多了，就不稀罕了。”

马远道：“说到北朝使者‘密绘’那事，爹正想跟你说北朝的另一件事。那是前些年爹陪同在京城的北朝‘正旦使’游西湖时听到的，说是北朝的章宗皇帝倾慕本朝文治，尤其雅好徽宗皇帝的御笔书画，于是他的宫中也是画师云集，屡见佳作。他们曾有《燕山八景》一卷（时在金章宗明昌年间，1190—1196 年），不但绘画，还有诗作，名噪一时，却是效仿本朝宋迪的《潇湘八景》诗画。”

《燕山八景》是哪八景？它取材于燕京（今北京）一带山川景物，有这样八个题名：居庸叠翠、玉泉垂虹、太液秋风、琼岛春阴、蓟门飞雨、西山积雪、卢沟晓月、金台夕照。而《潇湘八景》则是北宋宋迪的画作，题名有：平沙雁落、远浦帆归、山市晴岚、江天暮雪、洞庭秋月、潇湘夜雨、烟寺晚钟、渔村落照。

南宋叶肖岩《西湖十景》中的麯院风荷（左）和柳浪闻莺（右），这是现存最早以“西湖十景”为题材的一套画作。台北故宫博物院藏

马麟听到《燕山八景》《潇湘八景》，忽然沉思起来。马远见此情形，也不言语，站起身进自己书房了。

第二天一早，马麟向老爹问安礼毕，便说出了自己新的想法。他说：“昨晚咱满脑子都是《潇湘八景》《燕山八景》，想着咱们西湖堪称天下第一胜景，为啥就没有这等题名的画作？”

马远听了很是高兴，这正是昨晚想要问儿子的话题，便鼓励马麟继续说下去。

马麟道：“咱想把原来高可七尺的四幅西湖图，干脆翻倍画它八幅出来，每一幅也给它写个题名，如何？”

马远微微一笑道：“你原来就画四幅图，虽然尺寸大了不少，但只是跟着刘老前辈亦步亦趋，未必能超越得了他。现在画成八幅，也不过是《潇湘八景》《燕山八景》的翻版，未必妥当。”

被老爹一口否决，马麟一脸的不服。马远突然提高了嗓门道：“若想超越前辈，须在样式出新！”

马麟被这突如其来的高音惊了一下，困惑地望着老爹。马远皱了皱眉头说：“你小子整天就盯着尺幅大小，画幅多寡，贪多嫌少的，路数不正！”

对儿子的棒喝点到即止，随后马远道出了自己的想法：“早些年，爹画了十幅《临安山水册页》，每幅均为一尺见方，并非大开大作，但画院众人却捧为‘上品’佳作。其实，这些画因为有老官家和太后（指宁宗的杨皇后）的御笔题诗，才使得众口一词称颂不绝。现在爹

卧治今可尚

西湖 在州西周廻三十里其澗出諸澗泉山川秀發四時畫舫遨遊歌鼓之聲不絕好事者嘗命十題有曰平湖秋月蘇堤春曉斷橋殘雪雷峯落照南屏晚鐘麯院風荷花港觀魚柳浪聞鶯三潭印月兩峯插雲。蘇子瞻脩西湖奏狀昔西漢之末翟方進爲丞相始決壞汝南鴻隟陂父老怨之歌曰壞陂誰翟子威飯我豆食羹芋魁反乎覆陂當復誰言者兩黄鵠蓋民心之所欲而託之天以爲有神下告我也孫皓時吴郡上言臨平湖自漢末草穢壅塞今忽開通長老相傳此湖開天下平皓以爲已瑞已而晉武帝平吴由此觀之陂湖河渠之類久廢復開事關興運雖天道難知而民心所欲天必從之杭州之有——如人之有眉目蓋不可廢也唐長慶中白居易爲刺史方是時西湖溉田千餘頃及錢氏置撈湖兵士千人日夜開浚自 國初以來稍廢不治水涸草生漸成葑田熙寧中臣通判本州則湖

臨安

南宋祝穆《方舆胜览》中记载的“西湖十景”。宋咸淳三年吴坚刘震孙刻本，上海图书馆藏

忽然另有所悟，倘若咱们的西湖图能够以此作为一种样式，再有点睛题名，譬如十景西湖，一景一名，一画一诗一御笔，这才是可传千古的大手笔。”

马麟显然被老爹说动了，听得很认真。

马远继续说道：“偌大个西湖需要咱们有‘点睛之笔’！若能取西湖精华所在，以‘西湖十景’总冠其名，借鉴潇湘和燕山题名，形成文雅切题、音义俱佳的定名，也不必非得御笔不可，谁人都可以此样式，题咏书画，妙笔生花。如此，则西湖非但可有传世书画，更可以诗、词、曲、赋，歌、咏、乐、舞，踵事增华，锦上添花。如此，咱这锦绣西湖必将天下无双，咱大宋京城也必将是天上人间！”

马远顿了顿，缓口气又道：“咱马家若能在画院一马当先，成此《西湖十景》，重开画院新样式，这才不辜负圣上对咱马家的世代恩泽，也当得马家领袖画院的名声。”

听了老爹一席话，马麟又一次陷入了深思之中……

一年过后，马麟首创的《西湖十景》，在御前画院问世了！它们是：

《平湖秋月》《苏堤春晓》《断桥残雪》《雷峰落照》《南屏晚钟》《麯院风荷》《花港观鱼》《柳浪闻莺》《三潭印月》《两峰插云》。

其中题名“雷峰落照”后作“雷峰夕照”，“麯院风荷”后作“曲院风荷”[①]。

①将“麯”改成“曲”，并非只是简单的一个繁简字体的改动。“曲院风荷”最初因南宋此地有官办酿酒机构而得名，所以当时“曲”作酒曲字义时，读作qū，古文作麯。清代康熙帝将“麯”写成“曲”后，增添了此地园林景观“曲折”这层意境，由此字音随字义改变而读作qǔ。

清人董邦达《南屏晚钟》。台北故宫博物院藏

清王原祁《西湖十景图》局部。辽宁省博物馆藏

后人曾以为，因为父爱至深，马麟的画作多为马远代笔。其实不然，传世马麟的绘画如有机会多看一些，您就会发现，凡有马麟落款的，无一弱笔。文献记载的马麟作品，也无一差评。

马麟创作的《西湖十景》，成为后人见到的最早的具有“范式”意义的西湖画作。而他自己最终成为御前画院中的“祗候”，也是实至名归。这其中有马远的提携之功，更有他自己的努力和悟性。

“西湖十景”后来果然成为一种独树一帜的文化“范式”。画院待诏陈清波跟进，再画《西湖十景》。之后，京城民间画师叶肖岩创作《西湖十景图册》，成为这一题材传世至今的唯一作品。当时就连出家人上天竺寺院书记若芬，也为此所动，绘成《西湖十景图》，加入吆喝“十景”的好事者之列。南宋多位诗人如王洧、周密、

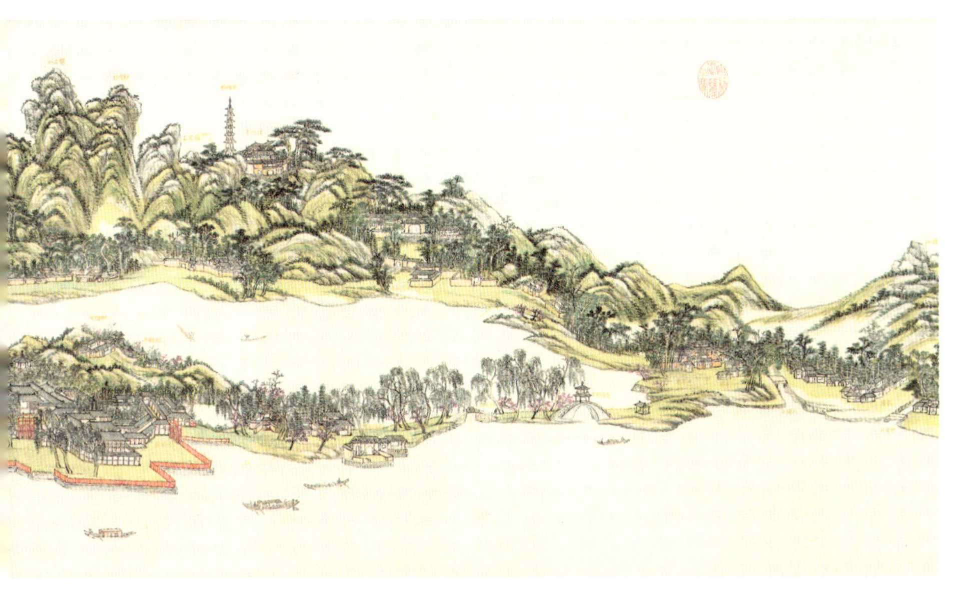

陈允平、张槃、奚汉等，都不遗余力为“西湖十景”题诗作词。

“西湖十景”历经宋元明清以至当代的日新月异，终于成为西湖文化的最经典，同时它也成为了中国山水园林作品中的最经典。

『绍兴二十一年十月，高宗幸清河郡王第，供进御筵节次如后：绣花高饤一行八果垒……下酒十五盏……』

——《武林旧事》卷九

第六章

一份「菜单」背后的「酒市」及「幸福指数」

旷世罕见的豪门盛宴，把“酒”漏了？

张贵真的没有想到，自己缮写的那份“菜单”，原先作为“密档”已被张循王张俊收藏起来，竟然因为一百多年后南宋灭亡时张府遭到抄家，而流散了出来，从而透露了一个罕有人知的豪门盛宴。

张循王府位于清河坊（今河坊街）西边，原是京城大内之外的第一豪宅。某天，住在癸辛街（今长生路附近）的藏书家周密，专门来到了这里。

此时，南宋王朝业已灭亡。原先这里的主人第五代循王，是南宋守卫独松关（在今杭州余杭区百丈镇）的将领张濡，因为德祐元年（1275）杀了元军派来议和的使者，结果第二年临安城沦陷后，被元军统帅伯颜五马分尸。张家人四散逃命，人去楼空，这循王府自然就成了大元江浙行省的官署。

周密是个怀旧的人，前阵子刚从一贵戚家收到一份度宗全皇后回家祭拜祖宗的整套行程礼仪，如获至宝。近来又听说张循王府大量旧藏被甩卖，便想再来碰碰运气。

来了以后发现，值钱的书籍字画早没了踪影，却看到故纸堆里有一本手抄的小册子，四五十页纸，看是有上百年了。他拿起这份发黄的抄件，觉得书写人显然是个不太习惯拿笔的人，几个字写得认真，却很烂。这几个破字怎么也好意思被一个王府收藏？怪不得被扔在那里没人搭理。周密却来了兴趣，稍一翻看，就发现这几页纸不可小觑，里面居然藏着一个闻所未闻的秘密！

周密将小册子买回家后，连夜挑灯细读。看得出来，这个手抄本被保存得很好，很完整。甚至连书写时间、书写人姓名及其官衔名称，一个不落，清晰可辨："绍兴二十一年十一月　日，和州防御使、干办府事、兼提点、兼排办一行事务张贵具。"

这个落款的意思是，本册子的抄写人叫张贵，和州防御使是他的虚衔，干办府事是实职，加上所兼的两个职务，说白了他就是张府一管家。要说这位清河郡王（后封循王）张俊，在当年也真够红的，连府中张贵这么一个小小的管家，都能戴上一顶武官才有的和州防御使的官帽，尽管是个虚衔，但可以领取这一品级的朝廷俸禄。

那么，管家张贵在这小册子中究竟泄露了什么秘密？

这得从绍兴二十一年（1151）说起。

时至这年，宋金两国议和已有十年了。赵构见天下太平，自己整天也就是写写字看看书什么的，要不就去上天竺、玉津园等地转转，时间长了，感觉有点腻味。某天跟太师秦桧议事，想起绍兴十五年（1145）六月，曾去望仙桥外秦桧的新宅走了一趟。这老小子写得一手超好的行书，篆书也不赖，还收藏了很多古人字画，把个豪宅装潢得挺别致的，有品位！赵构由秦桧联想到在武将中，自己视为第一号忠臣的张俊，今儿也去张家看看，你一个武将豪宅，又会是啥样呢？

到了十月份，连着几天金风送爽，赵构便决定去张府串门了。

张俊事先听说官家要上门来，当时就吓晕了。当年秦府备受官家夸奖的事谁不知道，可自己能跟这老小子比吗？每次君臣相见，官家总把自己看作一介武夫，没啥文化，言谈之中就没了对秦桧的那份敬重。自己粗人一个，想要有文化，但文化那玩意儿得“文火”慢慢化的，哪这么容易就成文化人了？

张俊赶忙叫来心腹家将、现任张府管家张贵，让他想想办法。张贵很机灵，说咱们捉刀的也不能跟捉笔的人瞎比拼，咱得亮出自己的强项，这样才能讨得官家的欢心。您说咱有啥强项？喝酒吃肉，这就是咱的强项，谁还能跟咱比这个？再说了，咱还有京城大名鼎鼎的酒楼“太平楼”，那可不是吃素的。您想，官家要是吃好喝好了，还有什么不高兴的？

要说张贵能够从一名家将成功转型为一府管家，关键还是他脑子挺能转的。作为管家，他在张府的餐饮上下了很大的功夫，利用当年张俊创办“太平楼”的机会，网罗了临安城里最顶尖、有绝活的大厨。所以，在餐饮上他是有文化自信的。

张俊大喜，说，那行！就你张贵全权负责这次宴会，就这么定了！

十月八日，赵构在秦桧等一群近臣的前呼后拥下，来到了张府。于是，根据张贵拟定、张俊拍板的“菜单”铺排的一场豪门盛宴，开始了。

北宋徽宗《文会图》局部，描写了宫中茶会的场景，桌案上的茶点、看果、莳花以及器皿陈设等，反映了宋代宴饮的精致极美。台北故宫博物院藏

赵构在张府正厅坐下后，就有人呈上了绣花高饤八样、干果十二样、缕金香药十味、精制蜜饯十二味、咸酸果脯十二味、腌腊小食十种，还有给官家贴身宫女手捧的水果拼盘，里面整装水果九品。这里既有仅供观赏的"看果"高饤，也有开胃小食，还有营造优雅氛围的香药，都做得十分精巧。

赵构在"元勋堂"入席上座后，眼前又是一亮：生切水果八样、时新鲜果十二样、拼花摆样果子十二样，其余赵构嗜好的精制蜜饯、咸酸果脯、腌腊小食再度亮相。

盛宴开席后的各色美味更是不胜枚举，在此重点只说一下十五道下酒菜。按照"菜单"设计，宴席正式开始后，将陆续敬奉官家美酒十五盏，每盏酒配有两味下酒菜。从第一盏酒的下酒菜开始，分别是：

花炊鹌子、荔枝白腰子；奶房签、三脆羹；羊舌签、萌芽肚胘；肫掌签、鹌子羹；肚胘脍、鸳鸯炸肚；沙鱼脍、炒沙鱼衬汤；鳝鱼炒鲎、鹅肫掌汤齑；螃蟹酿枨、奶房玉蕊羹；鲜虾蹄子脍、南炒鳝；洗手蟹、鯚鱼（即鳜鱼）假蛤蜊；五珍脍、螃蟹清羹；鹌子水晶脍、猪肚假江鳐；虾枨脍、虾鱼汤齑；水母脍、二色茧儿羹；蛤蜊生、血粉羹。

这些下酒菜，跟后来"满汉全席"动辄全羊全牛的"硬菜"相比，显然够不上以"硬"见长，但每一样菜品取其精华，发其至味，应该是比"硬菜"更为软口的美食。

而从菜品的丰富性来看，让人只觉得眼花缭乱，叹为观止。而且现在看来，它们究竟会是怎样的一个色香味，不可名状。

唯一在今天还被杭州人津津乐道的，是其中的那道"螃蟹酿枨"，杭城一些名菜馆复原了这道南宋菜的经典，取名叫作"蟹酿橙"。[1]

现在"蟹酿橙"的一些做法还是值得称道的：一柄刻刀以细巧的锯齿状，环切剖开新鲜橙子顶部的一小半，作为顶盖；余下部分挖去囊肉，作为放置蟹肉及佐料的器皿。一盅烹制好的"蟹酿橙"上桌后，看上去仍是一个完整的新鲜橙子。揭开橙盖，"果盅"的橙黄映衬蟹肉的雪白，这种"橙色派对"极为明艳。而蟹肉的鲜美与橙子的清香互为滋益，融化出鱼鲜和果实最极致的品味。一勺入口，齿颊生香，极尽食欲的绝美境界，叫人三月不思肉味。

这道菜以及第十三盏酒的下酒菜"虾枨脍"，还有

①"枨"释作"橙"时，两字音义相同。

南宋银鎏金梅梢月纹盘盏，与南宋马麟《层叠冰绡图》配设效果图。邵武市博物馆藏

南宋教子升天纹金杯金盘。贵州省文物考古研究所藏

一个奇妙的地方，就是印证了东西方“吃货”们对于美食的追求，有时候殊途同归，都是一个理儿。今天西餐的海鲜烹制或者海外的鱼鲜料理中，挤入一些新鲜柠檬汁或青柠汁，成为不可或缺的调味手段。橙子和柠檬、青柠，虽然品种各异，却都是芸香科柑橘属的水果，都属于一个清香味型，它们跟鱼味中和相融所产生的美味效应，在本性原理上是一致的。

张俊的这桌宴席，除了这些下酒菜，还有随时上桌的趁热食用的菜肴和点心九种，各色佐酒果子蜜饯十道，名厨招牌佐酒菜还有十味。

为确保万无一失，张贵想得很周到，在设计“菜单”

时还有备份，分成两个品级的备席共有六桌。另外，像莲花鸭签、茧儿羹、五珍脍、南炒鳝、水母脍、鹌子羹、鲟鱼脍、三脆羹、洗手蟹、炒肚胘等“太平楼”的十道“招牌菜”，都有双份保险。

太奢侈、太任性了吧！这一桌子豪宴山珍海味极为丰盛，玉馔珍馐极尽奢华。从那些名称上来看，每一道菜、每一款小食、每一样果品，都是那么的讲究、细巧和精致。好多食物放到今天来看，都已经不知道是什么了，但仍能感觉到那种有滋有味。关键是，这样的铺张竟然是赵构一人独享的口福。

古往今来，一人“独吞”如此极品、丰侈、完备的酒宴，似乎还找不出第二个来，旷世罕见！这已经过分到了匪夷所思的暴殄天物！也是封建帝王遭人诟病的一种“德性”！

回过头来再看这份“菜单”，张俊和张贵好像疏忽了一件事，遗漏了酒席上绝不可能缺少的一样东西。什么呀？酒！

“菜单”只是针对十五道美酒设计了下酒菜，而具体准备啥美酒，一个字都没说。你张俊开设的“太平楼”在临安城内好歹也是响当当的大酒楼，都经营二十多年了，怎么还会“百密一疏”，在这么重要的宴席上，把酒给落下了？太业余了吧？

这究竟怎么回事呢？

这张"酒水单"中不可言说的秘密

张贵替张俊准备的这份"菜单"，不是没有酒，相反，备下的酒还数量很大。

跟随赵构一起来张府赴宴的，还有他的宠臣、亲贵、侍从、禁卫等一大批人，他们也得吃好喝好啊！张俊和张贵煞费苦心，再三盘算，最后把这些人分成五等人群，进行配餐配酒。

这里着重算一下需要多少配酒。

太师秦桧是赵构的第一大红人，当仁不让属于第一等人，张俊给他核定的酒是 30 瓶（喝不完当然可以打包喽）。秦桧的儿子秦熺，官拜少保、观文殿大学士，张俊出于拍马需要，也把他划入了第一等，只是配酒少一点，也有 10 瓶，宴席上根本就喝不完。

第二等人是副宰相、枢密使、殿帅和赵氏亲王一共六人，每人六瓶酒。第三等人是各部门高官、禁军将领、宗室官员，以及在京的外地官员代表，共 28 人，每人五瓶酒。第四等人是赵构身边具体干事的中下级文武官员，共有 84 人，每人两瓶酒。第五等人都是打杂人员，每人一瓶，至少也得91瓶酒。以上各色人等合计需要435瓶酒。

除此之外，还有全程负责安保的禁军弟兄们，他们最辛苦了，不能亏待。但人数太多，不细数了，给个整数 2000 瓶。

张俊和张贵一起扳着手指头算下来，这次招待官家，光这五等人群，少说说也要备足2500瓶好酒。这些，“菜单”上都一一写明白了，作为备忘。所以，张俊这个饭局不缺酒。

那么，问题马上接踵而来了：那为啥就偏偏把官家的杯中酒给落下了？在如此顶级重要的盛宴上，你提供给各色人等的又是些什么好酒？再怎么地也该是名牌高档酒吧？

“嘘——小点声！别问那么多了！”张俊那时候听到有人问这酒的事儿，头也大了，他实在是不好说，也不能说啊！

首先别忘了，张俊在临安城的“业余爱好”就是经营“太平楼”，所以今天该上什么酒，哪里的酒最好，他都非常专业，绝不可能把好酒给落下的。所以对这份“菜单”就不该有什么质疑。

其次，张俊自家就酿有一种好酒，取名就叫“元勋堂”，还上了临安城里五十多款名酒的榜单。赵构手上金杯中的美酒，说不定就会有一种是“元勋堂”。所以，这酒的事儿他不可能“掉链子”。

那为什么还搞得这么神秘兮兮的？原因是，张俊太明白其中的玄机了！

宋朝官方有一项很硬的法规，在全国实行“榷酤”制度，就是对酒的生产和销售，实行专营制度：官府在州郡县乡设置酒务机构，实行官酿官营；你自家有本事酿酒，可以啊，但想要出售赚钱，先得缴税。因为酿酒需要粮食，官方垄断生产和经营后，就能控制粮食的消耗，不让更多的粮食消耗在酿酒上。另一方面，垄断营销的酒税非常丰厚，这是整个国家机器运转的“润滑油”。

但“榷酤”这事到了南宋有点变味了。“靖康之变”后，赵构从北方逃到江南，一路上到处需要花钱，可自己的“口袋”太浅，根本就没几两银子，都穷怕了。特别是南宋初年，各路大将招兵买马跟金兵干仗，那个花钱就像泼水似的。后来临安城最大的官酿机构叫“点检行在赡军激赏酒库所”，可见这酒税收入主要是用作军费的。赵构那时拿不出多少钱给各路将领，怎么办？于是就睁只眼，闭只眼，默许像张俊、韩世忠、岳飞这样的统兵大将，可以通过酿酒卖酒搞些“创收”，减轻点朝廷的经济压力。

到后来，赵构自己也爱上了酿酒这行当，还创新了几个“御酒”名牌，比如什么“蔷薇露”“流香”“宣赐碧香”等。因为贵为天下第一人，临安城里还有专属官家的酿酒作坊“御酒库”，每年由转运司特供酿酒用料糯米五千石。赵构后来自带酒库去了德寿宫，一直到他驾崩之前，他的私人酒库每年还享有三千石糯米的特供。

讲到这里，应该明白张俊的用心了吧？酒这生意太赚钱了！开酒楼都有20多年经验的张俊，比一般人更明白其中道理。所以，官家的“蔷薇露”“流香”“宣赐碧香”这些所谓的“御酒”，即使再怎么寡淡乏味，这次宴会也必须全部上！买官家的酒给官家及其跟班们喝，除了安全绝对有保证，关键还在于神不知鬼不觉中，又

北宋酒务官印：左印为“曲阜县酒务记”，右印为“西戴阳村酒务之记”。《金石索》清刻本

送了官家一个真金白银的大礼！但请注意，这可是秘密，不能落下痕迹！

可以想见，赵构这一趟来，明着是大快朵颐，暗里又搂到了一把银子，他能不高兴吗？

而细心的张贵为了应付以后再有类似的盛宴，将这份涂涂抹抹、绞尽脑汁才搞定的“菜单”，又重新抄写了一份，以备不时之需。不承想，一百多年后这其中的秘密，被一位藏书家给公之于众了。

"德寿私酿"，酿出了京城酒市新格局

张俊在"菜单"上把敬奉官家的"酒水单"给故意漏了，也是一种避嫌吧。毕竟这趟来的人太多了，人多嘴杂，万一对他有什么负面言论，那他真的就亏大了。

你还别说，张俊的避嫌并非是小心过头，后来赵构"内退"当太上皇之后，真的就有人看不惯"榷酤"现状，提出谏言，而且矛头直指赵构。

绍兴三十二年（1162）六月，赵构将帝位传给养子赵昚[1]后，就离开凤凰山下的皇城，去德寿宫[2]颐养天年了。

按理说，你都退休了，吃穿不愁，赵昚每月孝敬的"养老金"高达十万贯，这么一笔巨款你可着劲地花都花不完，但赵构还是越来越爱钱了。

有天赵昚去德寿宫陪赵构喝酒，结果喝醉了。稀里糊涂中，豪言壮语一拍胸脯说，要给太上皇二十万贯钱。事后赵昚根本就不记得那个酒话，二十万贯钱也就没这回事了。

但赵构记着呢！见一段时候没动静，便问自己的皇

①庙号孝宗。
②今杭州梅花碑到望江路一带，也称"北内""北大内"。

后吴氏怎么回事。吴氏是个贤惠的女人，心想直说赵昚没给钱，赵构肯定要翻脸骂街，便说，这钱早在了，只是不晓得您是要银钱还是铜钱，所以一直没敢送过来。赵构冷着脸答非所问道，俺就是要钱用嘛！吴氏为息事宁人，只好悄悄从自己私房钱中拿出二十万贯，将这事掩盖过去了。

赵构想钱，手下便有一帮人替他搂钱。哪来钱快呢？还是酒啊！

他身边的大内侍梁康成亲自“两手抓”这件事，一手抓酿酒，一手抓卖酒。德寿宫有一名姓甄的小内侍，家在临安城里。为促进市场销售，梁康成指使小甄把住房改造装修成一家豪华酒肆，店面搭起一座引人眼球的彩棚“欢门”，两边门板上还大书“德寿宫”字样，高调兜售正宗的太上皇自酿“御酒”。

北宋张择端《清明上河图》中的一家分销“正店”酿酒的酒店，门额标示“稚酒”字样，欢门（高棚彩门）上两块幌子上的“天之美禄”，即指“美酒”。欢门另悬一有“新酒”字样的间色幌子，表明是官府许可的酒店。左边酒楼中已是座无虚席。故宫博物院藏

赵构还在位时，自酿一些“御酒”，自家喝一点，对外赏赐一点，或者“批发”给张俊这样的人，臣下也不敢多说。现在他“退休”了，手下一帮内侍却撸起袖子，沿街公开吆喝叫卖“御酒”，过分哦！一位叫袁孚的言官上书赵昚，直截了当说：“北内有私酤！”太上皇那边在卖“私酒”，不合法，陛下您得管管。

赵昚当时就有点下不来台，俺这不是刚当上皇帝吗，你就来揭太上皇的短，这不是挑拨俺们父子关系吗？当时就很不高兴。赵构听说了这事，更是怒不可遏，要赵昚严惩不贷。于是，赵昚批示，将袁孚免去现职，赶到温州去当地方官。

这道御旨送到宰相议事堂，陈康柏和史浩这两位宰相当时就蒙了。言官就是御史台谏官，劝谏皇帝是他们的分内事，你连他们说几句话都要撸乌纱帽，那御史台今后还有谁敢说真话？

史浩第二天就去找赵昚，询问罢免袁孚的正当理由。史浩这一问，赵昚有点不好回答了，便搪塞道，因为袁孚说了不该说的话，这才将他免职了。史浩说，陛下您刚即位，就罢免了一位言官，天下人免不了会很好奇，会刨根问底这袁孚免职的理由，这一来，人们肯定会以为，太上皇都落到要自己卖酒的地步了，陛下您是不是太抠了？

赵昚觉得史浩说得有道理，过了几天，进德寿宫去“看望”太上皇，对罢免袁孚的事想看看还有无回转的余地，只要太上皇明是非、懂道理，袁孚也就不用走人了。哪晓得赵构太坏了，见赵昚来，就把他拉上酒桌，还专门送上一壶酒。赵昚一看吓了一跳，酒壶上居然写着“德寿私酒”四个大字，再一看，这四字赫然便是太上皇的

拌

臘月取絶肥嫩羯羊肉三十斤肉三十斤内要肥膘十斤連骨使水六㪷已來入鍋煮肉令極軟漉出骨將肉絲擘碎留着肉汁炊蒸酒飯時勻撒脂肉於飯上蒸令軟依常盤攪使盡肉汁六㪷潑饋了再蒸良久𨚫案上攤令温冷得所揀好脚醅依前法酘拌更使肉汁二升以來收拾案上及元壓面水依尋常大酒法日數但麴盡於酴米中用尔一法脚醅發祇於酘飯内方煮肉取脚醅一處搜拌入甕

地黄酒

地黄擇肥實大者每米一㪷生地黄一斤用竹

酒經下 十七

刀切略於木石臼中擣碎同米拌和上甑蒸熟依常法入醞黄精亦依此法

菊花酒

九月取菊花曝乾揉碎入米饋中蒸令熟醞酒如地黄法

酴醾酒

七分開酴醾摘取頭子去青萼用沸湯綽過紐乾浸法酒一升經宿漉去花頭勻入九升酒内此洛中法

蒲萄酒法

元

北宋朱肱《北山酒经》记载了“白羊酒”“地黄酒”“菊花酒”“酴醾酒”“蒲萄酒”等酿造法。宋刻本，国家图书馆藏

亲笔手书！

赵昚回去后，哪敢再手下留情？于是，袁孚还是被一脚踢出了京城。

赵构卖“私酒”这事也成了南宋时期的一个“榜样”，京城里那些权贵们纷纷向“榜样”看齐，八仙过海，各显神通，临安城里“私酒”飘香，名牌迭出。

杭城酒市向来发达，从技术层面讲，北宋后期住在西湖边的朱肱[①]所著《北山酒经》，就记载了“白羊酒”“地黄酒”“菊花酒”“酴醾酒”“蒲萄酒”等酿造法。在此技术基础上，一旦“榷酤”之法松弛，新品必将大出。整个南宋期间，除了前面提到的赵构和张俊自酿的酒之外，据不完全统计，当时还有这样一些“私酒”名牌：

吴皇后吴府“蓝桥风月”，杨皇后杨府“清白堂”，

①朱肱，字翼中，号大隐翁，湖州人，在杭州寓居北山葛岭附近。他的这一别号或与当时设在吴山北麓大隐坊的官府机构都酒务有关。

张俊曾孙张镃的“白鸥波”，杨郡王府“紫金泉”，杨驸马府“庆华堂”，秀王府“庆远堂”，荣王府“眉寿堂”“万象皆春”，谢皇后谢府“济美堂”“胜茶”，贾似道平章府“长生酒”，等等。您瞧瞧，后台老板基本上都是皇亲国戚和权贵。

当时京城内外最大的官酿机构是“户部点检行在赡军激赏酒库所”，简称“点检所”，拥有十三座大酒库和九座小酒库。每座酒库其实就是一座酿酒作坊，大酒库还有“自带流量”的大酒楼，产销一体化运营。

但因为“私酒”同时也在大行其道，而且京城酒业市场太大，引得外地一些官私难辨的名酒，也纷纷进京

南宋卷草纹银经瓶。经瓶为宋人对梅瓶的称呼，一般在大小酒肆里都能见到。
南京市博物馆藏

想要分得一杯羹。那位买下张俊“菜单”的周密，就记录了其中的一些品牌，譬如：

扬州“琼花露”，湖州“六客堂”，苏州“齐云青露”“双瑞”，秀州“清若空”，越州“蓬莱春”，镇江“第一江山”“北府兵厨”“锦波春”“浮玉春”，镇江淮东总领所“爱山堂”“得江”，建康“秦淮春”“银光”，温州“清心堂”“丰和春”“蒙泉”，建康淮西总领所“海岳春”，严州“潇洒泉”，常州“金斗泉”，衢州“思政堂”“龟峰”，婺州“错认水”，兰溪“谷溪春”，等等。

以上这些“外酒”都是以“供送”的名义进入京城各大酒楼及豪门大户的，但具体酿造的背景比较复杂，除了镇江淮东总领所、建康淮西总领所的几种酒是货真价实的“官酒”，其余的还真很难说。

可以肯定的是，在京城酒市上，还有一批各地驻军生产的名酒，如驻守镇江的沿江置制司的“留都春”“静治堂”，驻守明州（今浙江宁波）的沿海置制司的“十州春”“玉醅”等。另外，临安本地负责禁卫皇城大内的殿司衙，也有名牌“凤泉”酒。

张俊的“元勋堂”最初应该是他统领“张家军”时生产的“军酒”，可是等到张俊在京城置业开设“太平楼”酒楼之后，他的“军酒”贴上了“元勋堂”的招牌，严格来说，这以后“元勋堂”就该属于“私酒”了。而镇江和明州的驻军，以及皇城殿司衙的这些酒的性质，应该算是正宗“军酒”。

由此可见，在临安城的酒市上，除了正经“官酒”之外，还有各路“私酒”“外酒”和“军酒”，以及自称也是“私酒”的不太正经的“御酒”，在各大酒楼和酒肆中，你饮方酣我登场，觥筹交错流金淌。

周密说，临安城里点检所的“官酒”，每天能征收到酒税“以数十万计”，但这不包括其他“各显神通”的各路名酒。虽然这项税收额不知计价单位，是“文”还是“贯”有点不明所以，但可以明确的是，南宋京城人口浩繁，卖酒带来的收益实在太大了！

《诗经·既醉》里唱道：“既醉以酒，既饱以德。”这酒已经喝多了，但饱受的却是君王的恩德。可见，尽管酒在中国历史悠久，广受人们的喜爱，但它的存在更多的是一种精神需求，所以并不在“开门七件事”[1]之列，离开了酒，日常生活并不会难以为继。

但酒却是人们生活中的一项很重要的“幸福指数”。这在三国曹植《酒赋》中描述得很具体：“饮者并醉，纵横欢哗：或扬袂屡舞，或扣剑清歌，或嚬噈辞觞，或奋爵横飞，或叹骊驹既驾，或称朝露未晞。于斯时也，质者或文，刚者或仁，卑者忘贱，窭者忘贫……”无论你文化高低、脾气好坏、贵贱如何，酒能让你纵情欢乐，或激扬起舞、慷慨长歌，或抒发爱憎、放浪形骸，也能使你叹惜友朋离别远去，寄情伊人在水一方。

对更多的临安人来说，人生就是一出“短歌行”。劳作了一天后，寻一家街头坊间的酒肆，摸出几块铜钱碎银，对酒当歌，人生几何？何以解忧？唯有杜康！在“兴，百姓苦；亡，百姓苦”的岁月里，希望一次次破灭，十离九悲、十人九伤成为难以回避的“常象”。但失望引起的忧愁与忧愤，何尝不是一次次被人们以梦想的名义，再燃起希望的激情与奋发。心存希望，一个文明才会不断进步，乃至昌盛。

①这七件事指生活必需品柴、米、油、盐、酱、醋、茶，其中的茶侧重于养生、消食和药用，以肉食为主的西部民族尤其不可一日或缺。

明人仇英《清明上河图》中的酒坊及河边酒肆。辽宁省博物馆藏

临安城“五酒”市场的形成和繁荣，客观上也标示了临安人的“幸福指数”，及其背后追梦人的影子。有梦想的人，他的“幸福指数”不会低。

推倒重来的湖畔第一大酒楼：丰乐楼

理宗淳祐九年（1249）的一天，听说西湖边新开张的"丰乐楼"每天顾客盈门，生意超好，临安府知府赵与篙笑了。

但他脑子一转，觉得还要给热闹的"丰乐楼"添把火。继而又想，"丰乐楼"一枝独秀不是春，咱得把京城里那些直供"官酒"的大酒楼，统统闹腾起来！

赵与篙为啥对酒楼生意这么执着？不是他嗜酒如命，而是京城居不易，他得动脑筋想办法，把临安城建设得更好点。

这老赵有点来头，是太祖赵匡胤的十世孙，在淳祐的十二年里(1241—1252)，在临安府最高长官的位置上，一干就是12年，是历任知临安府中任期最长的一位。

淳祐七年（1247），杭州遭遇了百年未见的大旱，他组织民众开浚西湖，淘浚六井，疏通运河，对京城的整个水利系统来了一次彻底的整治，很受好评。可是好归好，这次大规模建设也把临安府的家底掏空了，京城余下还有很多事情要做，没钱则举步维艰。

这天赵与篡从府衙西拐出清波门，来到湖边散心。他一直在想一个问题，钱从哪儿来？伸手向上要钱，顶多一次性给你拨点款，更多时候还得自己想办法解决。可怎么办办呢？

沿着湖边他一路走到了丰豫门（今涌金门一带），一座酒楼映入眼帘，那是湖边的官营酒楼“耸翠楼”。他信步走进酒楼，却是眉头一皱：这酒楼建得低矮不说，墙柱油漆剥落，楼板哐哐作响，显然已是多年失修了。楼上楼下顾客稀少，一副冷落破败的样子。走到二楼，他推窗望去，眼前刚经过整治的西湖，风景如画，美不胜收。湖面上荡漾着大小游船，湖岸上也是游人如织。

这景象叫他忽然有悟！他立刻下楼跑回府衙，召集幕僚开会。他有一个想法，就是重建“耸翠楼”，并将它打造成京城第一酒楼。理由是，“耸翠楼”是官办酒楼，官方理应把它建设好。更重要的是，“耸翠楼”位于西湖游览的交通要道上，黄金地段必须发挥黄金效益。而

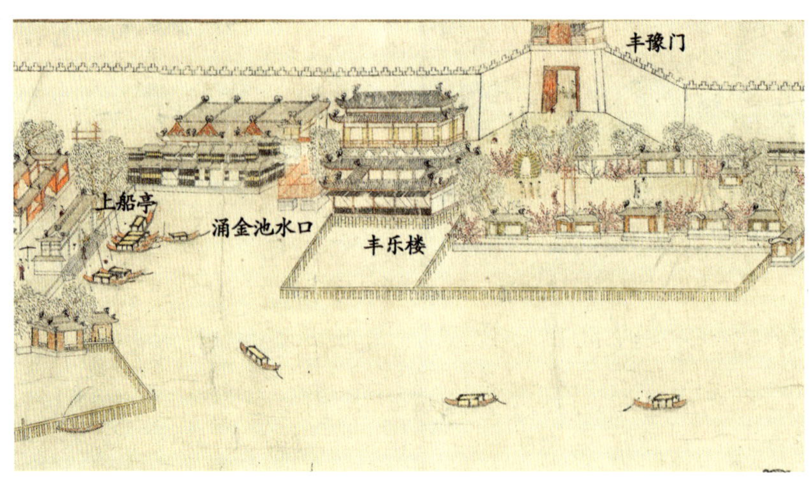

《西湖清趣图》中的南宋丰乐楼（前身为耸翠楼），位于丰豫门（今涌金门）和游湖码头之间，位置极佳。弗利尔美术馆藏

把“耸翠楼”建设好、经营好，酒税收入一定能大幅增长，京城基本建设就会从酒税上得到资金支持。

统一认识后，临安府上下背水一战，将府中剩余资金，押宝似的全部投到了耸翠楼的重建上。

一年多以后的淳祐九年（1249），一座新酒楼在原地拔地而起。只见四周花径曲折，亭榭参差，衬映着瑰丽宏大、高入蓝天的新酒楼，不枉了“耸翠”二字。但是，新酒楼现在改名了，叫“丰乐楼”。赵与篡需要一个全新的品牌，重振京城的“官酒”市场。

“丰乐楼”一炮打响，成为西湖游览的一大必到之处。文人林晔德作赋称颂它代表着“钱塘故地之豪奢，临安新府之雄壮”，赞叹它的“踞虎盘龙，横霓架虹，平地耸蓬莱之岛，飞仙移紫府之宫”，一句话，就是天上人间最美的酒楼，世上“高阳酒徒”当来此一醉方休，这才不辜负管弦笙歌，良辰美景。

但此时的赵与篡眼光所及，已越过“丰乐楼”，盯上了“点检所”那十三座大酒库和九座小酒库，以及与这些“官酒”密切关联的临安城各大酒楼，他要整个“官酒”市场热闹起来。

这里需要插播一个历史小背景，“点检所”隶属于掌管国家钱财的户部，但南宋时往往由临安府长官兼管。从当时的《府治图》来看，“点检所”办公地就设在临安府的府衙内，而且与知府办事场所“安抚司”对门相望。

而现在的知府赵与篡又兼了户部尚书一职，“点检所”等于就是他直管的部门。所以赵与篡瞄上“点检所”，这是他分内的事，不存在伸手太长那种事儿。

事实上，对于赚钱的事，顶着“兼户部尚书”乌纱帽的老赵，还真不是吃干饭的，特别有想法。

这天正逢秋高气爽，他在府衙西边的教场，例行十天一次的“阅兵”公事。大教场上，上千人拉开架势操练刀枪棍棒、长弓短弩，呼喊声声，热闹非常。

因为八月十八钱塘江大潮即将到来，届时观潮盛会上的江上表演，临安府兵士将有一场船上施射石炮的表

元人夏永《丰乐楼》，右上题的是南宋林畔德的《丰乐楼赋》。此画下部仍见丰豫门及城墙，足见还是南宋时的景象。故宫博物院藏

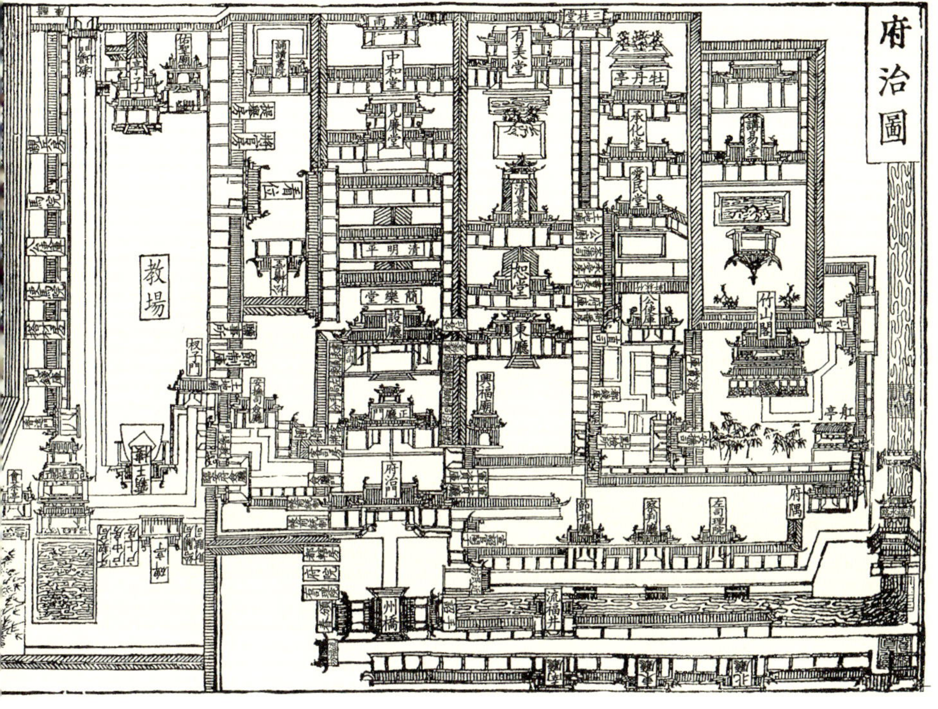

南宋潜说友《咸淳临安志·府治图》

演，所以放炮也是这次“阅兵”的重点。只见数十人合力拉开一尊名叫“双梢炮”的抛石机，齐声发一声喊，几十枚拳头大小的石弹“撒星石”激射而出，呼啸如风，威猛至极。每当百米开外的目标被轰然击中击碎时，全场上下爆发一声喝彩，声震如雷。

赵与篡哈哈大笑！他不是笑这练兵场景的威武壮观，他笑的是自己忽然找到了一个重振“官酒”市场的绝妙之招！

新酒“嘉年华”，御街上演万人“嗨”

中秋节前的半个月，临安城街头巷尾哄传着一条官方发布的“头条”新闻，说是今年中秋前夕在近民坊（在今劳动路以西、河坊街以北）临安府府衙，将有一场超级“盛典”登场：京城内外十三座大酒库的秋季开库在即，本府衙内教场特设开甏新酒“选秀”擂台，特邀歌舞百戏、演艺名角助兴，欢迎各色人等现场观摩。

赵与簒把那天府衙练兵的教场，改成新酒开甏的典礼会场了！

赶在中秋节前三天，老赵的好戏正式登场——

这天清晨，十三大酒库各自组成了一支排列整齐又花哨的队伍，从自家酒库出发，一齐向府衙会合。

随便挑选一支队伍来看一下：走在最前面的是三五名壮汉，一同擎举着一幅三丈多高（约十米），竹竿扎成的巨大“布牌”。白布上浓墨大书：“某库选到有名高手酒匠，酝造一色上等酴辣无比高酒，呈中第一。”意思是说，咱这新酒是由高手酿造的，香浓劲辣，无与伦比。最后四字玩个文字游戏：乍一看，此酒已经勇夺

《西湖清趣图》上钱塘门外"先得楼"酒楼的"拣到诸库好酒供应细食""钱塘酒库""上等碧香"（自右向左）等幌子。弗利尔美术馆藏

今年新酒第一名，可被人细究起来，也可以说，上呈参赛的这酒是咱大酒库中百里挑一最棒的酒。

这一路的音响效果是自带的。领头的"布牌"队伍之后，是一支专业乐队，锣鼓喧天，管弦飞扬，早把十里街坊的人吸引了过来。

这之后又是一队壮汉，挑着一担担沉甸甸的呈样新酒，稳步而来。

这三支队伍人数不多，却个个整肃沉稳，训练有素。而在他们后面更多的队伍，却是五花八门，形形色色，并且一路的嘻哈喧闹，炫耀显摆。都是些什么样的人呢？

只见八仙打扮的八名道人，背着系着酒葫芦，飘然而来。"八仙"并没各显神通，显"神通"的人在后面，那是由某个类似行业商会或社团协会的“团行”“社集”组织的“行业队伍”，比如“鲜鱼行”所属“鱼儿活担”，挑着一盘盘的香辣鱼鲊，“食饭行”担着的蒸笼里，是糖糕、面食和时新美食。“城西花团”的车架上，摆满了异桧奇松之类的各色盆景。这可是自带酒食，兼自带背景效果啊！

接下来这拨儿队伍很搞笑：只见一群大汉合力扛着一个大木床，一根根铁杆固定在上，举托着一个个少年扮成的仙佛神鬼，他们虽然被绑扎固定在铁杆上，却能凌空飞转，这叫“台阁戏”。跟着他们过来的是杂剧百戏的一群角色，有赌行阔佬、独钓渔父、出猎竹马、过海八仙等，一路跟两旁围观人插科打诨，逗笑搞怪，引得众人哄笑连连。嚯，新酒“选秀”竟然还自带剧团助兴！

再后面过来的最是花俏：开头的是几名抱琴怀瑟的小女童，跟着的是一群花巾裹头的丑婆俊嫂，他们都是扮作酒保模样的官妓。接着走来的是亮出通体文身的浪子，他们或手托五彩花篮，或提携精巧箱笼，姿容潇洒，风流倜傥，惊呆了一帮夹道观看的大户女眷。

随着路人突然爆发的一声喝彩，临安城各大酒楼中的一众花魁“明星”，骑着银鞍宝马，盛装而来。其中最具“颜值”的头牌明星高光亮相，走在最前，骏马之上一身花衫花裤，缓缓而行；跟在其后的也一个个别样秀丽，头饰冠帽珠翠朵玉，衣衫裙儿描金绣银，各执花斗鼓儿，或捧一把柄首雕刻龙形花纹的拨弦乐器龙阮，或操琴瑟等其他乐器。这是临安城内一群最闪耀的“明星”，在给新酿“官酒”站台了。现场的男女百姓哪见过这等场面，大呼惊艳。

在花魁们的鞍前马后，簇拥着一群皂衣黄号的“跟班”，前面的替花魁挽牵坐骑，开路引道，随后的掌青绢、执白扇、拿方凳，一路随时侍候，他们大部分是雇来的豪门官衙侍从，干这活儿有板有眼。

就这么一个酒库的人马，招摇过市，笼街喝道，吸引着一大群人跟随其后。总共十三大库的十三支助兴表演团队，齐聚府衙教场，那还不挤破大门闹翻天？

其实，赵与簒也晓得，府衙教场容纳三五千人已经够呛了。每支酒库队伍少说说也有两百人上下，十三大库的人一齐进场，府衙教场已经人满为患了。万一再有上万人涌来围观，那还玩什么？

所以，他要的是哄抬热闹气氛的过程，而且这个过程的最佳时机，就是在各大库助兴表演队伍路经临安城大街小巷的时候。

所以，早在十天前，他已经叫各大库呈送了“选秀”样酒。五天前，“点检所”评酒师已经把各大库的新酒优等品名单，摆到他的案桌前了。

所以，今天在府衙教场的新酒“选秀”，除了十三大库各自组织的“布牌”团队，他要把门人只放进了很少一部分追随而来的看客，他已经悄悄将原定“剧情”改编为新酒“首发式”了。

只见赵与簒一身新巾紫衫，骑着高头大马，踌躇满志地来到教场北端下马，走进一座高台亭子。“点检所”官员向他呈上各大库优等品，他装模作样吟哦半晌，然后就让那官员照本宣科。亭上宣读完毕，底下欢声雷动——每座酒库都有好酒若干，名列榜单。

南宋佚名杂剧《打花鼓》中的角色和装扮。
故宫博物院藏

一群衙役立即把准备好的知府大人的赏金，彩帛、会子、银碗若干，送到了各大库的“布牌”前，引来喝彩声声。而另一群衙役早把各大库抬来的样酒，一人一盏，分给现场的每一个人。于是，亭子中的赵与篡举起酒盏，一声干了，与众共饮。

教场的空气中，各种浓郁醇厚的酒香弥散开来，混合着各种花香、肉香、脂粉香，一下激起了众人的兴致。现场顿时笙管并奏，锣鼓齐鸣，欢快音乐响起来，百戏杂剧演起来。人们把酒言欢，庆贺声、道喜声、祝酒声、喝彩声，响成一片。

这场景比不上宏丽奢华、觥筹交错的豪门盛宴，但人们看着歌舞戏曲，品着上好新酒，边上一溜溜各色担架上的各色美食，却是最趁手、最滋味的下酒菜，一个个大快朵颐！如此欢乐、热闹、率性、爽快的教场大宴，见所未见，闻所未闻！

然而，按照赵与篙新的“剧本”思路，这只是新酒“首发式”的序幕，好戏还在后头呢！

三盏新酒之后，十三大库的人马在众衙役的引领下，从教场南门一支支鱼贯而出，由清河坊向东巡游，集中来到了最繁华的御街上。

此时，三盏酒力已让他们一个个热血沸腾。再次走上大街，每支巡游队伍最前开道的，已经换成了几名鲜衣怒马的酒库管事，他们的马前则有威武力士肩扛着刚打赏的彩帛、会子和银碗，光鲜荣耀，极尽炫耀。他们后面则是一片狂欢的景象，三丈“布牌”举得更高了，吹拉弹唱更起劲了，造型亮相更卖力了，音容笑貌更迷人了。

十三库的巡游“方阵”随着自带音乐，一一踏歌而来，御街沿途围观者越聚越多，前面错过眼福的人也罢，已经饱览风采的人也罢，无一不是兴高采烈，欢呼雀跃。

一些巡游方阵为推销自己酒库的新酒，让那些风流少年沿途随机邀请围观者，端酒劝喝。酒送完喝完了，又拿出点心小食，一路分送。这一来，更煽动起了御街上的热闹气氛，有住在附近的慷慨大方的老员外，后来居然也从家里拿来酒，分享给大家，与众同乐。再后来，沿途一些酒肆也来抢生意，用红绸临时扎个“欢门”，摆开酒盏，请路过的人随便喝。

御街从清河坊到众安桥这段，是临安城最繁华、最集中的商业地段。这天，十三库新酒首发大巡游，载歌载舞，欢声笑语，在此演变成了一场数万人集体狂“嗨”的新酒“嘉年华”，盛况空前。那时年方 17 岁的周密亲眼目睹了御街上的这一场景，几十年以后他记忆犹新，感叹道，那就是一个“万人海（嗨）”！

而这场好戏的落脚点，最终却随着人流归于各大酒楼。巡游队伍到众安桥后，便分道扬镳各归其所。每一支队伍都“自带流量”，尾随着意犹未尽、渴望尝新的一群酒仙酒朋，一起“汇入”了北酒库（今楚妃巷）的“春风楼”，东酒库（今柴垛桥东）的“太和楼”，中酒库（今羊坝头一带）的“中和楼”，南酒库（今河坊街与中山中路拐角处）的“和乐楼”，南上酒库（今众安桥西南）的“和丰楼”，西酒库正库（今定安路与西湖大道拐角处，也称金文正库）的“西楼”，以及西酒库子库的“丰乐楼”（今涌金门外）……

——至此，赵与篯导演的这出临安新酒“嘉年华”，方成正果：为“官酒”市场赢得更多客户，为京城建设获取更多税收。

赵与篯出任临安知府的 12 年中，各种市政建设和管理事项做成的非常多，像治理西湖、筑小新堤（即赵公堤）、疏浚运河、扩建粮仓、整顿消防、重修宫室、新建官署、修缮园林、重建祠庙，以及创办慈善（新建慈幼局和施药局）、减免商税等，大部分都是利民惠民的正经事儿，大部分是他任期一半之后实施或完成的。要说历届临安知府中，做事和做成事最多的一位，非赵与篯莫属！

办这些事所需资金当然不可能全部来自于酒税，但有很大部分来源于此，当是事实。《宋史》评价赵与篯“所至急于财利，几于聚敛之臣矣”。听着好像形象不佳，但以今人来看，这正是老赵急于公事需要，聚敛酒税财利，方使得临安城在他任期中，城市面貌焕然一新，也夯实了“天城”的根基。

『自高宗皇帝驻跸于杭，而杭山明水秀，民物康阜，视京师其过十倍矣。虽市肆与京师相侔，然中兴已百余年，列圣相承，太平日久，前后经营至矣，辐辏集矣，其与中兴时又过十数倍也。』——《都城纪胜》序

第七章 山珍海味八方而来，临安人的『口福』故事

大内宫中的“肥水”为啥不流外人田？

张俊的那份“菜单”中，仅供赵构一人享用的各种时鲜、腊味、鲜果、干果和蜜饯等，林林总总近两百样。那么，这些菜肴和果蔬能在哪里买到呢？或者说，临安城也有自己的“菜篮子”基地吗？

先看发生在京城的一个故事。

杨存中是殿前司的长官，专门负责整个宫廷大内的禁卫。他平时对殿帅府的一名军吏非常照顾，一点小事都会重赏有加。可就是这名最受偏爱的军吏，某天被杨存中无缘无故臭骂了一顿，这还不算，最后竟被开除了。这名军吏都不知道自己做错了啥事，彻底蒙了。但也没办法，临走之前，来向杨存中哭别。杨存中只说了一句话：“没事莫来见俺！”

这军吏也挺机灵的，察觉杨存中话里有话，回去以后，重金打点，为自己儿子在御史台谋了一个职位。

某天，他儿子忽然听见几名御史在议论，说杨存中这家伙真不是东西，竟然私吞了军中十多万贯粪钱，这事一定要弹劾他。他儿子听说了，回家就向军吏汇报。

那军吏一刻也没耽搁，立马跑到殿帅府“告密”。

第二天，杨存中将一份奏札呈送赵构，说是他管的军中历年积累了粪钱若干，都存在了哪个金库中，现在俺把这些钱都拿出来，归朝廷开销吧。赵构见杨存中主动上缴了这么大一笔钱，人品太好了！于是把钱收下了。

没几天，御史台果然有人弹劾杨存中私吞粪钱的臭事。赵构挺恼火，拿出杨存中前些天的那道奏札，说你们御史台干什么吃的？这不是冤枉好人吗？当场以“妄言”之罪，把那做事不老到的御史给撸下去了。

撇开这则故事中杨存中的所作所为，说一下这“粪钱”究竟是怎么回事。

古代农耕社会，各种动物排泄物是最好的农家肥，所以碰到幸运事，民间会有“撞上狗屎运”的说法。除了合群生活的人类“肥水”比较容易收集之外，军队或养马场中，马粪是最多最集中的，所以这粪钱的最早来由是指“马粪钱”。

《资治通鉴》中说，唐高宗李治永隆二年（681），少府监裴匪舒向皇帝建议，说是御马院养马成千上万，每年的马粪钱可以卖二十万缗呢！边上的宰相刘仁轨说，这确实是一笔不小的收入，但恐怕后人会讥笑说“唐家卖马粪”，这可不是一个好名声。李治一听，也觉得这名声太臭了，就将粪钱谋利这事给否决了。

到了北宋，军队出售马粪赚钱不但有这事，而且还是殿帅这类长官的一项额外收入。另外，全国各地的驿站也是马匹集中处，所以，朝廷曾收取天下驿站的马粪钱，每匹马日收一文钱。

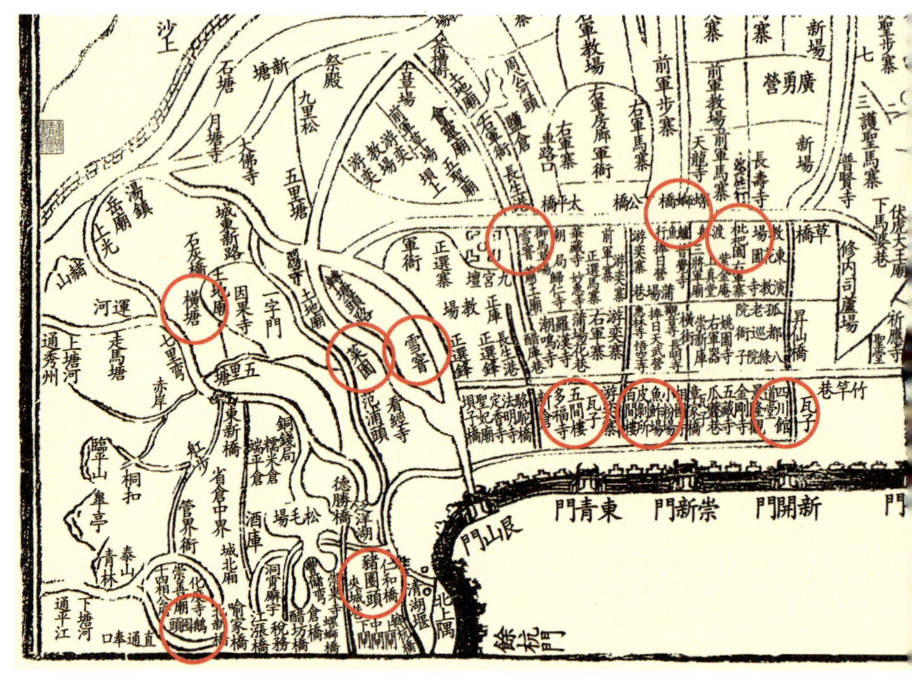

南宋潜说友《咸淳临安志·浙江图》局部（上东下西方位）上位于临安城西与城北的菜园、果园、鱼市、雪窨（即冰窖）、饭馆、酒楼等。

杨存中掌管的殿前司禁军有七万多人，拥有军马以及骡子驴子等牲畜，总数不在三万匹之下。以一匹马每天一文钱算，三万匹可以日进马粪钱三十贯，十年下来总数超过十万贯。而杨存中担任殿前司长官长达十五年，所以在他手上积攒十多万贯马粪钱，并非难事。

杨存中的数万大军平时没啥用武之地，倒是每天出产的大量牲畜肥料，在临安城郊有了施展天地，还卖得了好价钱。

孝宗时候的宰相周必大曾说到“临安四门所出”，引用了本地人的谚语称是“东门菜，西门水，南门柴，北门米”。他说临安城东门，像东青门、崇新门、新开门以外，一眼所望，基本上都是菜园子。官方也有对菜品的认定，说城东横塘一带种的蔬菜，最是美味。

所以，临安城最主要的“菜篮子”基地，就在东郊一带。这种格局一直到现在都是如此。而菜市也集中在城东，东青门外的桥，被叫作“菜市桥”，这地名也一直沿用至今。

因为“菜篮子”基地就在东郊，所以在京城临安除了马粪，人粪肥同样值钱。

临安城在南宋后期大约有 20 多万户、100 多万人，每天的“排污”是个很大事儿。有钱人家自己搭个厕所自不待言，普通老百姓家房屋面积小，大多不具那条件，只能用马桶。所以，那时街头巷尾每天都有专门的人，挨家挨户为百姓家倒马桶，收集那些个污物并运走，这活儿叫“倾脚头”。

但请注意，并不是随便哪个人就能进一户人家“倾脚头”的，干这行的也有“行规”，每人划分一片固定区域的人家“倾脚头”，谁要是抢夺别人的“粪主”，对不起，那是要吃官司的。曾经就有人“倾脚头”抢了别人的主顾，结果被人告到了官府。原告还曾放言，不获全胜，誓不罢休！一场抢肥官司闹得很大。

而之所以会发生抢夺“肥水”事件，就是因为大片的“菜篮子”基地等着施肥用呢。

对“倾脚头”这点蝇头小利，大内宫中应该不会在意的吧？不然！照样是“肥水不流外人田”。

主管大内宫中厕所也有专门机构，叫“司圊指挥”，人员属于皇城的禁军身份，归皇城司管辖。皇城司又归殿前司管辖，所以说到头来，赵构在位时，他们最终的长官还是杨存中。

“司圊”军士每天在三宫六院掏粪，然后将那些污物集中装船，走水路从东华门运出宫外。太上皇住的德寿宫也是这样，最后都走水路，从保安水门出城东，运往东郊。那里有属于官家的大片菜园，以及樱桃园、枇杷园、枣林等果园，城南还有每年官家都要亲临开耕的籍田园，都等着施肥，宫里的“肥水”怎么能外流呢？

此外，皇城司的人一大职责是保障宫内吃喝拉撒这一摊子生活需求，它所属的几个营寨均集中于临安城的东青门和崇新门之间。为啥驻扎这里呢？因为这里靠近东门，无论是去菜园子买菜，还是将宫中“肥水”外运菜地果园，进出都方便。

讲到宫里“肥水”的事，还有一则小故事：

说是在乾道六年（1170）立春后，时任建康府通判的辛弃疾，应召来到京城面见赵昚，陈述恢复中原的大计。初来京城的他，某天没事路经大河（今中河）时，看到一艘粪船缓缓驶来，船头上插着一面旗帜，仔细一看，上面赫然标示着“德寿宫”字样！

一艘臭烘烘的粪船，也要标榜自家的背景后台吗？辛弃疾惊呆了！

有人向他解释说，眼下春耕业已开始，去冬农田积肥不多，所以城里的“肥水”特别抢手，你看这大河，还有小河、清湖河，都有集粪运粪的船只往来。但粪船出城却要缴税，只有大内宫中的粪船可以免税。还说，这些粪船也不全是大内的船只，很多都是普通老百姓的，船主为了避税，买通了宫中内侍，冒名打上德寿宫旗号，就能直通城外了。

辛弃疾后来把这个“新闻”跟朱熹说了，朱熹不相信还有这等事。但之后他来京城，也亲眼目睹了标榜“德寿宫”的粪船，咋舌不已。

可见临安城当时对于各种肥料需求甚大，马粪人粪均可卖钱或收税。

南宋末年，吴自牧在《梦粱录》中，罗列了临安郊外所产的各类叶菜、瓜菜、菌菇、根茎类蔬菜，有 40 种左右。潜说友《咸淳临安志》记载的本地产各种水果，像橘子、橙子、桃子、柿子、李子、杏子、杨梅、樱桃、苹果、甘蔗、枣、梨、菱、藕、葡萄等，有 20 多种。周密《武林旧事》中各种干果蜜饯，居然也有 40 多种。

看来，张俊那份“菜单”上的新鲜蔬果和干果蜜饯等来源，可以在京城的“菜篮子”基地中，就地解决很大一部分。

被一网打尽的各路水族“精英”

张俊“菜单”上的那么多荤菜又从哪里来的呢？先说说海味的来路。

杭州远离大海，以前要吃上海鲜不是一件容易事。但因为是南宋京城所在地，各地都把最好的鱼鲜贩运到京城来，所以临安人想吃海鲜，相对还是容易的。

就在那天张俊宴请的饭桌上，赵构忽然发现张俊手上的扇子有些异样，那个吊在扇柄上的白玉坠是个孩儿样貌，看着挺眼熟的。从张俊手上要过来细看，这玉孩儿俊俏可爱，选料、碾玉、雕琢均非同一般，不知哪里曾经见过。努力回忆了一阵子后，赵构恍然明白，这不就是当年俺在明州（今浙江宁波）丢失的那个扇坠吗！

那是建炎三年（1129）十二月十五日，正是临安城被金兀朮攻陷的那天，赵构在明州定海登上一艘楼船，“下海”逃亡。登舟时，或许是心里恐慌，一不小心，手上这柄折扇扑通掉水里了。当时逃命要紧，顾不上一把扇子，便匆匆开船了。

赵构一生经手过的扇子不知有多少，唯独沉入水里的这把扇子，因为有汴京故宫画院的名家手迹，还有这玉孩儿的俏皮模样，他最是喜爱。那扇子落水丢了以后，赵构总感觉手上少了一样东西，心里也“落空”了好一阵子。

不承想，20 多年过去了，今天在张俊家忽然跟这件心爱之物重逢，太高兴，也太意外了！

接下来，赵构开始刨根问底，要弄清这玉孩儿的来由。张俊见自己把玩的这件俊物，竟然是御用之物，顿时有些紧张了，不敢隐瞒，如实说是在清河坊街上一家玉铺上买来的。清河坊不就在这里吗，赶快去问那玉铺掌柜的，这扇坠是从哪弄来的？一追问，玉铺掌柜回答说，他是从每天都要路经此地的一名提篮子的小厮手上买来的，至于此人叫什么名字、住在哪里，一概不晓得。每天路过这里，那也好找，张俊派人在清河坊守株待兔，没多久，还真的找到了那名提篮小厮。叫来一问，说这玉孩儿是他从候潮门外一户陈姓人家的厨娘那里，弄到手的。继续追，一直追到候潮门外陈姓人家，找到那厨娘，人家说是某天在“鲞团”买菜，看到一条新鲜的大黄花鱼，约十斤重，她从未见过有这么大的黄花鱼，买回来剖开鱼肚子，就看到里面藏着这件玉孩儿了，扇面扇骨什么的，没看见，再后来，就把这玉卖了。

这么兜了一大圈，终于将这玉孩儿的来龙去脉弄清楚了。赵构听说以后，心情大好，这宝贝失而复得，吉兆啊！一高兴，分别封了玉铺掌柜、提篮小厮一个“进议校尉”的小官，陈家厨娘也给了一个“孺人”的封号。他们刚才还在惶惶不安中，一转眼，惊喜来得真有点猝不及防。

从这则故事可以看到，南宋时，浙东沿海的海鲜不

宋代妇女剖鱼砖雕。
国家博物馆藏

但上市临安，而且珍稀罕见的渔获，也会第一时间运到京城的海味市场来销售。

那个“鲞团”是个什么地方呢？

“鲞团”就是专门批发海货的行市，地处浑水闸浙江渡（今南星桥）附近，沿海水产在此上岸卸货，设市售卖，最为方便，是当时临安城最大的海货市场。又因为那时水产保鲜技术限制，所以在“鲞团”交易的海货多以腌制的鱼鲞为多。而且临安人特别喜好鱼鲞下饭，“鲞团”中的货色琳琅满目，生意火爆。

海货的零售店则叫“鲞铺”，城里城外有一二百家。吴自牧《梦粱录》中列举了“鲞铺”中零卖的种种鱼鲞：

郎君鲞、石首鲞、望春、春皮、片鳓、鳓鲞、鳘鲞、鲒鲞、鳗条弯鲞、带鲞、短鲞、黄鱼鲞、鲭鱼鲞、鳊鲞、老鸦鱼鲞、海里羊。名目如此繁多，令人垂涎欲滴。

吴自牧说到“鲞铺”中的新鲜海味也有不少，如酒江瑶、酒香螺、酒蛎、酒蜐龟脚、瓦螺头、酒垅子、酒鲻鲎、酱蝛蛎、锁官蝛、小丁头鱼、紫鱼、鱼膘、蚶子、鲭子、魧子、海水团、望潮卤虾、蝛鲚鲞、红鱼、明脯、鲒干、比目、蛤蜊、酱蜜丁、车螯、江蠘、蚕蠘、膘肠等。

以上这种种海货，好多名称现在都已经不知道究竟是什么了，但那时的临安人肯定心知肚明。但凡路过这样的“鲞铺”，吃货们肯定“食指大动”。

另外还有一种与干鲞不同的腌鱼，叫鲊[1]（也包括腌肉、腌菜等），也是临安人饭桌上的最爱。吴自牧说，这在“鲞铺”中也有卖的，比如大鱼鲊、鲟鱼鲊、银鱼鲊、饭鲊、蛮鲊、淮鱼干、蟛蚏、盐鸭子、煎鸭子、煎鲚鱼、冻耍鱼、冻鱼、冻鲞、炙鳗、炙鱼、粉鳅、炙鳗、蒸鱼、炒白虾等等。临安人这口福真是不浅！

因为鱼鲞生意特别好，所以在里弄小巷中，也能时不时看见叫卖鱼鲞的小商小贩。

此外，临安人还特别嗜好一种海产品叫海蛳[2]。在东青门外太平桥北，有个叫张四的人家，世代专做海蛳生意，浙东沿海的渔民送货到临安，海蛳基本上都是卖给张家的。

这是为啥呢？原来海蛳要做成美味，不是一般人能做到的，但张家有其祖传手艺。于是张四囤积大量海蛳，每天拿出部分，以他特有的手法烹炒出售，成了一批吃

① 鲊，音 zhǎ，用盐或红曲腌的鱼，也泛指盐腌的鱼肉蔬菜。

② 海蛳是海中螺的一种，但不称作“海螺”。

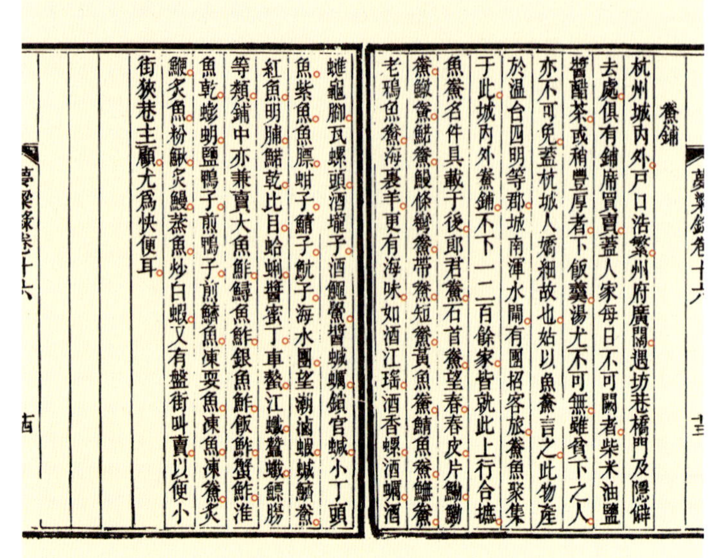

夢粱錄卷十六　十三

鮝鋪

杭州城内外戶口浩繁州府廣闊遇坊巷橋門及隱僻去處俱有鋪席買賣蓋人家每日不可闕者柴米油鹽醬醋茶或稍豐厚者下飯羹湯尤不可無雖貧下之人亦不可免蓋杭城人嬌細故也姑以魚鮝言之此物產於温台四明等郡城南渾水閘有團招客旅鮝魚聚集于此城内外鮝鋪不下一二百餘家皆就此上行合摭魚鮝名件具載于後郎君鮝石首鮝望春春皮片鰳鰳鮝鱍鮝鯆鮝鰻條彎鮝帶鮝短鮝黃魚鮝鯖魚鮝鰻鮝老鴉魚鮝海裹羊更有海味如酒江瑤酒香螺酒蝲酒蜼龜脚瓦螺頭酒壜子酒鱷鮝醬蝛蠣鎮官蝛小丁頭魚紫魚魚膘蚶子鯖子魫子海水團望潮滷蝦蝛鱝鮝紅魚明脯鯌乾比目蛤蜊醬蜜丁車鰲江蟣蠶蟣鰾腸等類鋪中亦兼賣大魚鮓鰣魚鮓銀魚鮓飯鮓蟹鮓淮魚乾蟛蚏鹽鴨子煎鴨子煎鱔魚凍耍魚凍魚凍鮝炙鯾炙魚粉鰍炙鰻蒸魚炒白蝦又有盤街叫賣以便小街狹巷主顧尤爲快便耳

夢粱錄卷十六　十四

南宋吴自牧《梦粱录》记载的“鲞铺”。光绪十六年钱塘丁氏刻本

货的最爱。尤其是他用新鲜椒花烹制，立夏时节成了一种应时必尝的美味。今天的杭州太平桥附近东清巷，还有一个叫“海蛳沟”的地名。

当然，临安人偶尔也会尝到从温州、台州、明州等地贩运来的各类海鲜，甚至尝到活的海产品。周密有天在朋友张称深家做客，有人上门送来了活鲍鱼。烹制后端上席，那个美味叫周密赞不绝口，说要比平时吃的干鲍鱼，味美十倍。

海味有来头，淡水鱼呢？也有专门的市场，候潮门外就有一个“鲜鱼行”，与“鲞团”不远。还有崇新门外的“蟹行”，北边余杭门外还有一个“鱼行”。临安人好吃鱼鲜，由此可见一斑。

淡水鱼中，也有从很远地方运来的稀有品种。比如，湖州德清有条山溪叫“龟溪”，溪中有种鱼，用柴火清蒸了吃，味道特别鲜美，但就是数量很少，很难捕捉到。这是为啥？原来，德清离临安城太近了，这种鱼但凡有捕获的，基本上都直接送到临安“鱼行”了，临安人好这一口，你有多少要多少。所以到后来，“龟溪”这种鱼逐渐变成了稀有动物。

还有南宋后期的权相贾似道，特别爱吃苕溪的鳊鱼。一名叫赵与可的官员拍他马屁，在苕溪原产地做了很多大盆，专养鳊鱼，最多时养了上千条，时不时地用船将活鱼专程送往京城贾府。为了让饲养的鳊鱼更加鲜活，这家伙还造了一种机械，模仿自然生态环境，让水源源不断始终在大盆里保持流淌。那鱼受流水刺激，泼剌剌地游动不息，就如生活在江湖中一样。

当然，这种苕溪出产的特供鳊鱼，在市面上是很少见的。但可以想见，那时临安周边地区，有很多水产是专供京城享用的。远的地方，像昆山（今属江苏）出产的甲鱼，因为肉质鲜美，也有从运河贩运过来的。一艘普通船只贩运的甲鱼，在京城一次可卖到三万文，也就是三十贯。

还有一种生活在江海之间咸淡水中的鲻鱼，也是临安人独特的一种口福。这里面也有一则小故事：

说是秦桧的老婆王氏有天去大内慈宁宫，拜见赵构的生母太后韦氏。这两人曾经都做过金人的俘虏，所以见了面后话就特别多。聊着聊着，韦太后说，我最爱吃钱塘江的鲻鱼了，那个肉质特别细嫩、鲜美。可说到这里，韦太后忽然又叹了口气，说近来大一点的鲻鱼实在太少见了！这王氏也是个没脑子的人，想也没想就说，这个大鲻鱼啊，咱家有的是，太后想吃，咱回去送上一百条来。

王氏夸下海口回去了。她见到秦桧把送鲻鱼的事一说，秦桧咬牙切齿那个恨啊！这是为何呢？原来秦桧也爱吃鲻鱼，秦府的后厨就养着不少大鲻鱼，想送多少条都不是问题。那秦桧还有什么不舍得的？别忘了，秦桧可是个老滑头！他想，我秦桧家里有的是又大又肥的鲻鱼，一家伙还能送人上百条，而官家他亲妈、贵为太后的韦氏却一条都难以吃到。日后官家要是知道了这事，肯定会以为咱秦桧权势太大，那以后咱在朝中还能混吗？

所以这大鲻鱼千万不能送进宫去！可是，王氏已经说出口了，秦桧心里即使痛骂这个蠢货一百遍，有用吗？打赖皮说大鲻鱼没有了，不送了，那可是欺君之罪，不是闹着玩的。

但秦桧就是秦桧，没有他想不出的歪主意。他跟自己的一名亲信门客商量了一个办法，叫这门客从临安城“鲜鱼行”里，批发价买下一百条够肥够大的青鱼，送进慈宁宫去，就说是王氏送的钱塘江鲻鱼。

一百条“大鲻鱼”终于上门来了，韦太后兴冲冲跑来一看，却是这么一批“货色”，当时就愣住了，但忽然又好像明白了，拍手笑道，我道这婆娘傻啊，没想到会有这么傻！

把老婆送青鱼当作一场无知的笑话撩给韦太后，秦桧这招“假痴不癫”的诡计得以蒙混过关，这事也就这么过去了。

秀州的猪，越州的羊，婺州牛筋很荒唐

说完了鱼鲜，再说京城市场上的肉食供应。先来看肉铺的货源从哪里来的。

《咸淳临安志》中的《浙江图》上，有两个“猪圈头”地名，一个在图右上城市东南的钱塘江边，另一个在图左下城北余杭门外。这是当时临安城外最主要的两个生猪囤聚处，其地理位置也说明了供应京城的猪肉，主要来自两个方向，一是钱塘江沿线州府，再就是运河相连地区。

其中秀州（今嘉兴）是临安城的传统生猪供应地。该地城东曾有一位叫韦十二的，一家饲养生猪能有数百头，基本上都贩运到临安市场上。而且，因为秀州也是杭嘉湖平原最主要的产粮地区，临安城北为来自秀州的船运，专设了两个码头，一个在江涨桥东侧，另一个就在靠近北城的“猪圈头”附近，所以韦十二来临安贩猪，船运非常便利。只是某天韦十二在临安城里的卖肉案头边上，忽然“走火入魔”，回去以后，把猪圈拆了，存栏生猪全卖了，套现数千贯，歇手不干了。

可见那时因为前往临安的水路便捷，在秀州做个“养猪大户”也是蛮赚钱的。

赵宋南渡后，数以万计的北方人移居临安城。从他们的饮食习惯上看，牛羊肉的消费肯定要大幅增长，仅靠本地养殖可能就难以满足需求了。那么，京城附近还有没有牛羊肉的货源了？有，羊肉在越州，牛肉在婺州。

先说羊肉来源的事儿。

越州的货船来京城，一般都是沿着浙东运河一直到钱塘江边的西兴渡口，然后将货物驳运到江上的船只，过江抵达六和塔至浙江渡（今南星桥附近）一带的码头。

南宋定都临安以后，来京城的越州货船越来越多。但后来越州的货船在钱塘江上，即使风平浪静的时候，发生沉船的事也跟着越来越频繁了。其他地方的船只没啥事，为什么偏偏越州来的船这么容易沉水呢？

临安府官员一调查，发现这里面有个规律，越州货船多半是在西兴过江时发生沉船的，反过来从京城过江去西兴，就没这事了。再进一步调查，最后锁定出事的船运载的货物，基本上都是准备贩运到京城的活羊。

那为什么就偏偏是载羊的货船发生意外呢？

原来，一般情况下，一群准备贩运京城的羊赶上船后，基本就没饲料吃了。这船要是走得慢了，里面的羊群便饥肠辘辘四处找吃的，可又没啥好吃的，咋办办呢？一些羊实在太饿了，就硬碰硬地啃起船舱的底板来了。那羊是什么牙口？一群羊七啃八啃的，就把那船底硬生生咬穿了。而这时候正好船到江上，呼啦一下，就把船给弄沉了。

明仇英《清明上河图》中桥头边的肉店。辽宁省博物馆藏

这故事从一个侧面，反映了临安城市面上的羊肉，有不少是从越州运来的。

再说婺州牛肉的事。婺州这地方养牛向有传统，明清金华府志或县志记载畜产一类时，往往第一个提到的就是牛。农闲时民间还有斗牛之风，“金华斗牛”至今仍为常见。

孝宗赵昚有个癖好，就是特别爱吃牛蹄筋。有天婺州知州李椿忽然接到朝廷的诏书，说是官家有需求，要他务必尽快备齐进贡五千斤牛蹄筋。

李椿纳了闷了，官家好牛蹄筋这口没毛病，但这食量也太夸张了吧？而且你想，一头牛四只蹄，才有多少蹄筋？即使咱挑上最大个的，四只牛蹄充其量也只有四两（约 130 克）蹄筋，而你要的是五千斤，那得宰多少头牛？不多不少两万头！而就为官家您一个人的口腹之欲，就为这么大一头牛身上才几两重的蹄筋，一家伙就得干掉两万头牛，太狠了吧？而且，一头牛好歹也有个四五百、五六百斤，蹄筋你拿去了，剩下这一千万斤的牛肉，叫咱婺州的老百姓怎么办？难不成全加工做牛肉干吧，咱可没那能耐。

不行！李椿把这笔账摊给了赵昚，让他看个明白。幸好，赵昚还算个明白人，觉着这么做确实太离谱了，对自己名声也实在不好，便收回了成命。

一道索要五千斤牛蹄筋的诏书，确实很荒唐，但却说明了婺州一地也是以养牛出名的，临安市场上的牛肉肯定不少就来自于婺州。

一位让人惊掉下巴的“京都厨娘”

四方货齐，临安城的大小肉铺就此开张喽！

可店家开门之前，还有些准备工作要做，乘此机会，在此先爆料一件“京都厨娘”的事，临安城都有些什么样的“吃货”，由此也可见一斑。

话说理宗宝祐五年(1257)，有位在江陵(今湖北荆州)做长官的婺州籍官员，这里姑且叫他婺老爷。他任上退休后，闲居在家，无所事事，便对吃喝开始讲究起来。偏偏此人平时太过节俭，家中竟无一个好厨子。

这天，又是一顿粗陋寡淡的饭菜之后，他惦念起以前某个同僚的“饭局”来，那一桌子菜肴真叫好吃，尤其是那道汤羹“羊头签”，把美味做到了极致，叫他今天想起这菜，仍然大咽口水。据说，那是一名来自京都临安城的厨娘的手艺。想想自家晚年生活，如果也有这么一位“京都厨娘”掌勺料理，那才不枉为人一世啊！我也要找一位“京都厨娘”！婺老爷忽然对自己的人生目标有了新的追求。

也是想啥来啥，正好有位朋友要进京办事，婺老爷便请他帮忙物色一名“京都厨娘”。那朋友也没多问，随口就答应下来了。不承想，过了段时候，婺老爷还真的收到了那朋友来信，说是找到了一位您想找的“京都厨娘”，芳龄二十挂零，最近刚为一户大官人家做过宴席，要厨艺有厨艺，要颜值有颜值，而且能算会写，已经跟她谈妥了，估计用不了几天，她就能到您府上了。

婺老爷将信将疑，不敢太相信了。但半个多月后，真有一位“京都厨娘”上门了。

但这厨娘很矜持，先是在城外五里头找了个落脚点，然后写了封信让轿夫进城带给婺老爷。婺老爷一看这信，那一手蝇头小楷，字画端正漂亮，见字如面，想必这厨娘也是位端庄秀丽的可人儿。信上说，小女子即将来到尊府，在您左右为您效劳，真是三生有幸。可到这儿话锋一转又说，还请老爷派一顶四人轿子，接小女子到府上，这样，不但小女子觉得很有面子，也符合老爷体面人的做派，不知可否？

婺老爷见她措辞这么委婉文雅，看来“京都厨娘”就是与众不同，绝非庸碌粗俗之辈，就派了四人轿子请她，那是应该的！

“京都厨娘”进门了。两人一见面，婺老爷笑逐颜开。只见她穿一领大红修身布衫，围一条翠色细绢短裙，乌云似的发髻上插一支蛾儿银钗，向婺老爷盈盈一鞠，道一声万福，音容举止雍容大方，与在场的婺老爷朋友，也是彬彬有礼。礼数过后，她便告退，由家人领着去看厨房了。

婺老爷没想到幸福来得如此之快，真是喜出望外！

一会儿，那厨娘又转回来了，问婺老爷是不是就此下厨掌勺，先做一席酒菜？朋友们纷纷赞同，说是应该为"京都厨娘"的上门，举杯祝贺一下。

但是，婺老爷却另有想法。婺老爷在官场上曾经长期做"二把手"，养成了他谨小慎微的脾性。他觉得"京都厨娘"初来乍到，虽然第一印象非常不错，可她的厨艺究竟如何呢？现在贸贸然就让她上手，万一烧的菜看不合口味，我这不是很没面子吗！所以他说，不急不急，明天啊，我们先做一席家常菜，就五个人的酒菜分量，如何？

厨娘说，可以啊，请老爷吩咐您想吃些啥，口味上有啥特别要求？

婺老爷拿来笔纸，开具了一份菜单，第一道菜就是他朝思暮想的"羊头签"。至于这桌菜的口味，就对葱花有小小的嗜好，其余的你厨娘看着办吧。厨娘恭恭敬敬双手接过菜单，看了片刻，然后拿笔写下了做每道菜所要采办的食材。写完后，又恭敬递给了婺老爷。

婺老爷接过一看，不禁倒抽一口凉气。怎么回事？原来这食材的采购量实在太离谱了：五份"羊头签"，需要羊头十个！我的妈呀！尽管羊头不比牛头，上面的肉确实不多，但我们家南方人，食量本来就不大，你这一份"羊头签"的汤羹，竟然要用两个羊头来做，吃得了吗？其他菜还吃不吃了？还有，小葱五斤！天哪！我喜欢葱香味儿，你多搁点就是了，但毕竟是葱花啊，用得了那么多吗？你真以为我把小葱当下酒菜啦？总之，这桌家常菜的置办，太夸张了！你是"京都厨娘"吗？

婺老爷刚想发作，但见那厨娘一副稳重淡定的样子，转念一想，我如嫌她乱买菜，会不会让她鄙视我是小气鬼呢？算了算了，就按这谱儿去办吧，看她怎么收拾这局面。

第二天早上，家人将所需食材全部采办到位。于是，厨娘开始动手了。她先从自己行李箱中，取出炒锅、炖锅、汤盆、碗勺等厨具，让婢女拿着先给婺老爷过目。婺老爷一看，眼睛都差点亮瞎了，那厨具一片银光耀眼，居然全是纯银打造，毛估估有六七十两重吧！再看厨娘带来的刀具、砧板以及其他杂七杂八的器具，无一不是精致打造，边上人看了无不啧啧称奇。

那厨娘穿一件夹袄套衫，系上白绳吊肩的大围裙，使劲甩了甩两胳膊，然后拖来一把椅子坐下，不慢不紧开始处理食材了。那刀工没说的，切、割、批、抹，干净娴熟，真有运斤成风之势。

再看重点，她是怎么处理羊头的。但她这一出手，边上人全惊呆了：很简单！洗净的羊头拿来砧板上，用刀唰唰几下，干净利落剔下两边的脸肉，剩下的，一扬手，咚！扔进了易腐垃圾桶。什么，这么大一只羊头，就取了腮帮子这两块肉，其余羊舌、羊眼、羊脑什么的，都是好东西，都不要啦？

厨娘瞥了一眼众人，轻描淡写地说，是啊，老爷这样的贵人可不能吃那些东西，所以扔了啊。说完，咚的一下，又一只羊头扔了。每次咚的一响，大家就觉得胸口一紧，心疼得要命。几个人最后实在看不下去了，就把那些扔了的羊头捡回来放好。谁知那厨娘鼻子里一笑，你们这帮家伙啊，真是狗娘养的！这突如其来的爆粗口，竟然出自她那红唇白齿之间，众人觉得异常的粗鲁，一个个惊怒不已，却又不知所措，傻愣着无言以对。

接下来看她怎么处理小葱的。取过洗好的细嫩小葱，在开水里轻轻一过，然后斩头去尾，剩下一段葱白再剥去外面数层皮，只取里面那根韭芽似的嫩黄芯子，按照碟子大小切成寸短，再用薄酒浸着待用，其余剩下的，统统扔了。

宋代妇女涤器砖雕。国家博物馆藏

这一番物尽极致，又极其浪费的神操作，令现场的人没敢再出声来。

终于，全部酒菜端上桌了，那个色，整齐鲜明！那个香，扑鼻盈怀！那个味，细腻香脆！都是那么的出众，那么的出色，实在难以形容！一会会儿，一席酒菜被彻底“光盘”。婺老爷一家人咂咂有声，相视一笑，太好吃了！

这下满意了吧？婺老爷及其家人美滋滋喜洋洋的，乐得都合不上嘴了。然而，“京都厨娘”却叫他们再次目瞪口呆。

按照她的“惯例”，每做一席酒菜，收取一次的劳务费，概不赊账。婺老爷做官几十年，不差钱，哪会想到赊账呢。可是他拿到厨娘开具的“结账单”后，脑子瞬间“短路”，嗡的一声，傻了！你道是为何？原来厨娘开出的这笔劳务费，不是很高，而是太高了！高得太惊人了！惊得婺老爷都灵魂出窍了！

见婺老爷被吓着了，厨娘不慌不忙从行李箱里又取出一沓纸，全是费用单据，递给婺老爷看。但这时的婺老爷脑子一片空白，哪看得进去。于是厨娘落落大方地一张张指给他看，呶，这张是最近某天京城某官人府上的劳务支付清单，这张又是某天某人宴席的劳务账单，全是银货两讫，老少无欺，实打实的一文不欠。

婺老爷终于看明白了，这厨娘在京城做的那些宴席，一次收费少者一百贯，多者两三百贯。而今天自己这顿家常菜，虽然只有五个人的分量，但因为点了京都名菜“羊头签”，这可是当年张俊招待高宗皇帝的那道“羊舌签”的升级版，整桌菜的烹饪加工费就不一般了，厨娘抹掉零头，实收两百贯整，银绢两可。婺老爷想，自己做到一州长官，算是"从五品"的级别，月俸白银十五两，以京城官价每两银子折合三点五贯铜钱算，每月收入总共五十二点五贯。但现在这厨娘要价两百贯，差不多是四个月的俸禄啊！这一顿饭吃得他越想越肉痛，却也无可奈何，"京都厨娘"虽然偶尔也爆粗口，但总体来说，端丽温婉，还是很有教养的。让我这种身份的"贵人"跟她斤斤计较几个劳务费，传出去也太丢面子了！没办法，咬咬牙拿出压箱的历年积蓄，如数支付了账。

婺老爷终于弄明白了，自己家底还是太薄，"京都厨娘"不是随便就能雇的。于是没过多少时候，找了个理由，将这厨娘打发回京城去了。

原来京都的人都是这么暴殄天物、穷奢极欲的啊！婺老爷的心久久不能平静，一生信奉的淡泊寡欲的"价值观"，遭到了毁灭性的打击，让他在晚年生活中灰心丧气。

而事实上，婺老爷的心理感受是有偏差的。"京都厨娘"所展示的这种极端的烹饪方式，只代表了临安城里皇亲国戚、达官贵人等有钱人对美食的无餍追求。

当时临安城的官府和权贵人家，还专门为"饭局"设置了"四司六局"，什么帐设司、厨司、茶酒司、台盘司，什么果子局、蜜煎局、菜蔬局、油烛局、香药局、排办局等，凡有宴席，各司其职，专业操作。比如厨司，由专人负责看样、切菜、烹饪、备料、统筹调配等活儿，菜蔬局则专门负责"看果"的选购定做、生熟食材的采办和荤素食物的腌制。

而更多的临安人，他们对美食也有品位上的追求，讲究食不厌精，脍不厌细，但却是一种物尽其用的生活理念。这点，南宋末年已被吴自牧写进了临安城的“肉市”里了。

临安城每天的“肉市”，是三更时候在坝北修义坊（今羊坝头一带）开门的。这里一条御街，一条后市街，两街之间都是屠户，每天宰杀的各种牲畜不下数百口，分割成半爿的，但都不零售，全部批发给城内外的各种面店、饭馆、酒店、腊味店，以及走街串巷卖烧烤的小贩。天亮时，批发生意结束，街坊上的零售肉铺这才开市。

这屠户杀猪时有个细节，就是将头、蹄、肝、肺、腰、肚这类物件，另置一处存放。如果碰上婚嫁之日，大户人家会大办婚事，这时就需要收买腰、肚等食材，哪怕这天有数十处盛大婚宴，顷刻间就能办妥这些食材，一点儿不费力。

城内外大小肉铺不计其数，一般都店面整洁，器具

北宋张择端《清明上河图》中小巷深处的肉摊。故宫博物院藏

元末明初施耐庵《忠义水浒传》鲁提辖拳打镇关西插图中的肉店。明万历杭州容与堂刻本

新丽。肉案前会有五六个、六七个操刀人，他们按照顾客要求斩切鲜肉。但肉的叫法与今不同，比如，细抹落索儿精、钝刀丁头肉、条撺精、窜燥子肉、烧猪煎肝肉、膂肉、盦蔗肉等等。这里面有些都是有特定烧法的肉。

骨头也是畅销物，看那些骨头叫法，也能想见临安人烹调的花样来，比如双条骨、三层骨、浮筋骨、脊龈骨、球杖骨、苏骨、寸金骨、棒子、蹄子、脑头大骨等。其中寸金骨，就是《水浒传》中那位被鲁达摁地上揍扁的"镇关西"的拿手刀工之一。

等到午饭前，各家的鲜肉就卖光了。而这时，各种卖熟肉的店铺接着开市了，其中朝天门（今鼓楼）附近的"戴家爊肉铺"算是最出名的一家。熟食中最好卖的

夢粱錄卷十六　十二

肉鋪

杭城內外肉鋪不知其幾皆裝飾肉案動器新麗每日各鋪懸挂成邊猪不下十餘邊如冬年兩節各鋪日賣數十邊案前操刀者五七人主顧從便索喚劖切且如猪肉名件或細抹落索兒精鈍刀丁頭肉條撺精竄燥子肉燒猪煎肝肉膂肉盦蔗肉骨頭亦有數名件曰雙條骨三層骨浮筋骨脊齦骨毬杖骨蘇骨寸金骨棒子蹄子腦頭大骨等肉市上紛紛賣者聽其分寸略無錯候至飯前所挂之肉骨已盡矣蓋人煙稠密食之者衆故也更待日午各鋪又市爊爆熟食頭蹄肝肺四件雜爊蹄爪事件紅白爊肉等亦有盤街貨賣更有犯鮓鋪兼賣生熟肉且如犯鮓名件最多姑言一二其犯鮓者算條影戲鹽豉皁角鋌松脯界方條線條糟猪頭肉瑪瑙肉鵝鮓旋鮓寸金鮓魚頭醬三和鮓切鮓桃花鮓骨鮓飯鮓槌脯紅羊犯大魚鮓鱘鰉魚鮓等類冬閒添賣凍薑豉蹄子薑豉雞凍白魚凍波斯薑豉等壩北修義坊名曰肉市巷內兩街皆是屠宰之家每日不下宰數百口皆成邊及頭蹄等肉俱係城內外諸麵店分茶店酒店犯鮓店及盤街賣爊肉等人自三更開行上市至曉方罷市其街坊肉鋪各自作坊屠宰貨賣矣或遇婚姻日及府第富家大席華筵數十處欲收市腰肚頃刻並皆辦集從不勞力蓋杭州廣闊可見矣

夢粱錄卷十六　十三

南宋吴自牧《梦粱录》记载的“肉铺”。
光绪十六年钱塘丁氏刻本

居然是头、蹄、肝、肺这四样菜。“吃货”们最爱的“撸串”是烧烤蹄爪、杂碎食件，还有就是各种红白烤肉。除了固定店铺，沿街游动的小商小贩，叫卖的鱼肉品种也非常丰富。

临安人特别喜好腌腊食物，所以那些干肉腊鱼专卖店，生意最是火爆，生熟都卖。那都卖些啥呢？列举一二，算条、影戏、盐豉、皂角、铤松、脯界、方条、线条、糟猪头肉、玛瑙肉、鹅鲊、旋鲊、寸金鲊、鱼头酱、三和鲊、切鲊、桃花鲊、骨鲊、饭鲊、搥脯、红羊犯、大鱼鲊、鲟鳇鱼鲊等品类；冬令时，还有卖阙冻姜豉蹄子、姜豉鸡、冻白鱼、冻波斯姜豉等等。太多了，两只手都数不过来。

再看周密《武林旧事》中的临安人“食谱菜单”，品类更多，像平常随时可以买到的荤菜有 40 多种，蔬菜

20种，临安人最爱的腌腊鱼肉30种，各种蒸笼点心57种。还有《西湖老人繁胜录》中的食店，常见“食单”59种，生猛海鲜37种，糟鱼腊肉39种。大凡蒸煮炖脍，爆烤煎炸，甜酸酥脆、酱香腌腊，人间美味应有尽有。饭后又有时令水果15种，果仁瓜子仁7种，蜜饯12种，糖煎甜食39种。

不胜枚举！

从上述这些大部分已经不太搞得清楚的菜肴食物来看，临安城的美食名目繁多，品种丰富，加工精细，口味多样。京城真正属于“吃货”们的天堂。

『（绍兴六年十二月丁未）福建市舶司言，蕃舶纲首蔡景芳招诱舶货，自建炎元年至绍兴四年，共收息钱九十八万缗。诏补景芳承信郎。』——《建炎以来系年要录》卷一〇七

『李文敏诗云：苍官影里三州路，涨海声中万国商。』——《方舆胜览》卷一二

第八章

涨海声中万国商：千年丝绸之路的另辟蹊径

破天荒的乌纱帽，西转东的“风向标”

因为感慨，赵构做了一件极有价值，也极有意义的事情：给两名海商各打赏了一顶小小的乌纱帽。

这是在绍兴六年（1136）十二月十四日，赵构在临安凤凰山下简陋的宫中，看到刚送到的泉州知州连南夫的一份奏章。一遍看过，赵构就有点按捺不住心潮起伏，感慨万千。

连南夫在奏章中报告了两件事。第一件事，在泉州，一名叫蔡景芳的本朝商人小头头，近几年来因为贩卖海外商品，连本带息累计赚了 98 万贯。当时对海商营收以十分之一的比例征税，蔡景芳绝对是第一号纳税大户。

第二件事，一名叫蒲罗辛的大食[①]商人，太猛了！不远万里捎来了价值 30 万贯的大食特产乳香，为大宋的财政税收也作出了突出贡献。

然后，连南夫提出了两个非常“大胆”的建议：第一是本着对中外商人一视同仁的原则，提议打赏这两位海商每人一顶“承信郎”的乌纱帽；第二是鼓励各地的本朝海商们，但凡能引荐外商来大宋贸易，只要货物征

①即阿拉伯。

税累计达 5 万到 10 万贯，朝廷可酌情给予加官封赏。

连南夫所提的事，在一般人看来，实在太小了，不过是替两个人求一芝麻绿豆官，那职位实在太低了。承信郎在品级上是最末流的从九品武官，跟同级别文官相比还低人一头，是五十三级武官中的倒数第二。

然而，在赵构眼里，这件封官小事非同小可，他有很多感念，他想打赏。

赵构的思绪闪回到了他人生中的至暗时刻……

建炎三年（1129）秋高马肥的时候，金兵突然大举南下。几十万金兵的目标非常明确：捉拿赵构一人。十月十五日，金兵还未渡过长江，赵构便已出了临安城，南渡钱塘江，逃往明州（今浙江宁波）。

北宋张择端《清明上河图》中的香料专卖店幌子"刘家上色陈檀拣香"，彩棚檐下横幅中有"香铺"字样。故宫博物院藏

在明州待了两个多月，为了打赏一路护卫他的将士，他的钱袋子一下就瘪了。没钱，这么多人的吃喝拉撒咋办办？关键是这时金兵已经攻破了临安城，正冲着赵构穷追而来。生死时刻，赵构知道自己如果没钱，这队伍就不好带了，赵宋王朝随时都有可能散伙歇菜。然而，兵荒马乱的又能到哪里去找钱？

也是急中生智，赵构想到了在泉州的主管海商贸易的福建路市舶司，这些年来无论是征税也好，征收外商货物自己拿来专营谋利也好，一定赚了不少钱。建炎四年（1130）正月十三日，赵构紧急下了一道诏书，要求福建路市舶司立即将其库存钱物，甭管有多少，全部从海路送来救急。

那福建方面有钱吗？有，还不止一点点钱。那时市舶司官员在向赵构汇报钱的来源时，就举了蔡景芳这个例子，说他是搞外贸创收的一把好手，还难得有法律意识，遵章纳税，应该授予他突出贡献奖。只是那时赵构急于逃命，没有工夫理会打赏蔡景芳的事。

打那以后，赵构拢住了人心，大家欺负金兵不识水性，一起漂洋出海，真正体验了一把漂泊生涯，最终否极泰来，转危为安，两年后又重返临安。

如今生存危机翻篇了，想起当年那笔“救命钱”，赵构对市舶司主管的海上贸易感慨不已。

感慨一，当然是生死存亡之秋，只有市舶司还能雪中送炭，那笔钱来得太是时候了！感慨二，市舶司征收的每一个铜板，居然都与各州各县的老百姓无关，全是外国人的钱，这笔钱拿得太爽了！感慨三，中土之人，包括北方金人，非常喜好用香，俺自己也少不了这玩意儿，但这些东西偏偏只有南海西洋那边才有大量出产，几大市舶司在进口香料上获取的税利，近几年都快追上传统的茶税和盐税了，这对大宋经济的良性发展，太重要了！

感慨再三之后，赵构又生出了一个合理想象。瞧瞧自己现在的皇宫，竟然连个像样一点的、名称响亮一点的宫殿都没有，说不定哪天太平无事了，俺要重建崇政殿、垂拱殿之类的正式办公场所，所需建造费用，市舶司的税收可是一个重要来源。

于是，赵构大笔一挥，准了连南夫的提议。

别小看这两个芝麻绿豆官，尽管都是荣誉性质的奖赏，但这意义非同一般：给本朝一名商人戴乌纱帽，这在当时属于破天荒的事。而一名纯粹的外国商人居然在大宋做官，这又是一件破天荒的事。

更重要的是，赵构的这次封赏，原本很大程度上是回报当年救急救命的事，却在不经意间，演变成了中国历史上的又一场大趋势：对外贸易重心从西北向东南来了一个大转移。

当然，这是后人对这件事的看法，赵构本人未必有那么高的理性认识。即使是感性认识，他也仅局限于对孔方兄的认知。说起对本朝海外贸易的感性认识，另有一人比他更有场面感和体验感，那就是闲居泉州长达 17 年的李邴。

李邴本来的仕途前景很不错，在赵构手下都已经做到了参知政事（相当于副宰相），就因为那年金兵猛追赵构时，破了他兄长李邺据守的越州城，连累李邴不得不提前“退休”。寓居泉州的岁月里，他越来越觉得自己当年还是少说了一句话。

绍兴五年（1135），所有在职和离职的宰执们都收到了一道诏书，要求对当下的大宋国策畅所欲言。李邴满腔热情建议了四件事：战阵、守备、措画、绥怀等。但这些施政方略眼睛一概瞄准北方，而且丝毫未及如何增加财政收入，增强整体国力的内容。即使论及通畅"关津"的话题，也只是谈了如何为淮北遗民南归提供便利。这份建言本来好歹也是应命之作，提交上去后却石沉大海，一点回音都没有，李邴心都凉了。

现在泉州住了这么多年，他看到，各国商船纷至沓来，渐渐地，这里已成了一个中外杂处、南腔北调的"万国码头"。

有一年东南季风时候，李邴出泉州城南，来到泉州湾入海处的石湖金钗山上。此地有一座六胜塔，类似杭州六和塔和白塔，具有航标作用。登临六胜塔，李邴透过一片苍翠松柏，可见来时的那条蜿蜒小路，一直通往海边的大小沙洲。而在港湾内外，云樯林立，舳舻相继。海风吹过时，帆落绳响，呼声起伏。这个节奏感和画面感，令他赞叹不已，写下了这样一句诗：

苍官影里三州路，涨海声中万国商。[1]

这首诗到今天就留下了这一联诗句，但从中还是能让人感受到南宋时期海上丝绸之路带来的繁荣景象。走在绿树掩映的港湾小路上，海上传来的那片喧阗声，分明就是从"涨海"而来的万国商船。

李邴感到有些遗憾，当年因为没有见过"万国商"这样的壮观场面，所以根本没有想到"国策"在外贸方

①"苍官"即松柏；"州"同"洲"，"三州路"指通往附近洲渚的道路。"涨海"之名东汉已出现，指今天的中国南海。

向性调整上的问题。

古代中国的对外贸易，以汉唐丝绸之路为例，向来是面孔朝西，眼光很少关注沿海地区。“靖康之变”以前，宋朝还能通过“茶马法”，通过西夏，与西边交通往来。但现在的大宋，国土面积急剧缩小，与西北之间梗着一个强敌金国，致使西域各国的朝贡基本断绝。千年不变的丝绸之路，也要另辟蹊径了。李邴觉得，大宋国策现在是不是要有一种新眼光了，那就是眼睛向东、向海，通商四海，鼓励与海外各国的交通往来。这既是财政来源严重缩水形势下增强国力的需要，也是南宋立国在政治上的需要。

然而，正如李邴在一首《汉宫春》词中所写的那样，“伤心故人去后，冷落新诗”，有过那次冷遇打击的他，在晚年时候尽管有新的想法，但对再回临安早已没有了想法。直到绍兴十六年（1146）在泉州去世，他都没有信心再向朝廷进言。

到临安去！
一个海上商人的异想天开

到临安去！

官场老手像李邴这样的官员，对于临安早已失去兴趣。而商旅贩夫中对京城心向往之的人却大有人在。正在占城经商的宋人陈惟安，忽然想明白了一个道理，如果想要做大做强海外贸易，一定要抓住这次占城朝贡大宋的机会，想方设法到临安去。

占城国位于今越南中南部，所在港湾是南海的一个重要集散码头。自从投身海商以后，陈惟安就吃定占城，想在此直接掌控东西各国之间的海上贸易，将东方特产转运去西方，再把西方珍宝转卖给东方。

可事实上，情况并非如他想象的那么简单，因为南海商船日益增多，货物往来实在太过巨大。陈惟安虽是拥有一支船队的宋朝“纲首”，但要想跟天南海北素昧平生的人做生意，太难了！有些稀罕之物像阿拉伯香药、占城本地象牙，在此堆积如山，可占城毕竟是个小国，消费极为有限。陈惟安知道这些玩意儿在宋朝极有市场，却因个人势单力薄，干瞅着没法下手。所以，尽管在占城“练摊”多年，当地话也说得很溜，但生意总是小打小闹，不温不火。

绍兴二十五年（1155），一个从占城王宫里传来的消息，令陈惟安眼睛一亮，机会来了！

这年，国王邹时巴兰经过十年努力，力压敌手，占城越来越强盛。但他也有烦恼，好不容易辉煌了、显赫了，却没人承认，特别是没有得到宗主国宋朝的封号，法统上有瑕疵。宋朝因为“靖康之变”一度乱了套，所以两国之间20多年没串门了。现在，邹时巴兰想派使者“到临安去”，进奉朝贡，与这个大国重续旧好，而重点是得到大宋的封号。可是与宋朝疏远了那么久，得有个领路人才好。

国王想要进贡宋朝、寻求封号的消息传来，陈惟安从中看到了一个巨大的商机。他异想天开筹划了一个庞大计划，斟酌再三之后，决定亲自出马。

这年四五月时，陈惟安来到王宫，向邹时巴兰国王毛遂自荐，愿意做占城朝贡大宋的领路人。他提出了“到临安去”的一揽子计划：

第一，备足“硬货”。每年有不少海商贪图得到宋朝回赠外国使节丰厚的“回赐”，往往假冒某国使者，挟带私货入宋进贡，想以小博大捞上一票。但事实上，绝大多数人到了广州或者泉州，人家市舶司一伸手就把你拦住了，想去京城皇帝面前“表演”蒙人，门都没有。所以，占城的进贡想要真正引起大宋的重视，必须要有非同一般的“硬货”。

何谓“硬货”？并非金银之类的常见硬通货，而是指宋朝并不出产，却备受追捧的当红物品，譬如前面提到的香药和象牙，这些东西才是够硬的敲门砖。

第二，求得“封赏”。力争取得宋朝对邹时巴兰的封赏，这是此次进贡的终极目标。陈惟安以自己在占城的全部资产作抵押，郑重许诺：如果大宋官员对占城使者不予接待，或者接待了不能抵达京城，或者到了京城不能入宫拜见皇帝，并获得应有的回赐和封赏，这次行程的全部花费由他一人承担。

第三，教习“礼仪”。大宋是礼仪之邦，占城人想要见到皇帝，开展外交活动，前提是他们举手投足之间，必须符合宋朝能够接受的礼仪规范和仪程。陈惟安诚恳表示，具体礼仪要求他并不清楚，但保证届时通过宋朝的礼仪机构太常寺，专门安排所有人进行礼仪学习。

明人《异域图志》中的占城国人。明刻本，剑桥大学图书馆藏

第四，免费"服务"。陈惟安将为这次朝贡提供三大便利：一艘大商船，作为往返交通工具；亲自"担纲"全程翻译，包括两国往来文书转译、外交活动现场口译或礼仪教习培训翻译；负责与宋朝市舶司和太常寺等官方机构的接洽。所有这些，全部免费服务，分文不收。

当然，陈惟安是商人，无利他是不可能起早的。他了解宋朝的贸易条例，海外货物一般只准在几个港口城市货卖，不许跨州交易，即使有允许跨州交易的，也需交纳高额税费。所以陈惟安只提出一项要求，就是允许他的一部分货物，充作使团准备进奉宋朝的贡品。而这部分货物，按照惯例如能得到宋朝的回赐，或者被拿去市场拍卖交易，所得全归陈惟安。

陈惟安说完以后，邹时巴兰眉开眼笑，想都没想一口答应，照单全收。谁都看得出来，这事要是不成，也就没有个封号，那些宋朝的紧俏商品香药和象牙，肯定不会卖亏的，而万一成功了呢？

邹时巴兰马上将"到临安去"付诸实施，挑选得力亲信，组建进奉使团；四处物色"硬货"，敲定贡品清单。两个月后，20人组成的"占城国进奉使团"，以及各色贡品7万斤[1]，折合现代计量约44吨，像模像样，全部搞掂。

这年七月初，占城人搭乘陈惟安的大商船，乘着东南季风北上大宋。八月初，一行人顺利登陆泉州。

怀着一颗忐忑的心，陈惟安带着占城使者跨进了福建路市舶司的官衙。

向衙役出示占城"国书"，并简单说明情况后，出

[1] 宋制1斤630克。

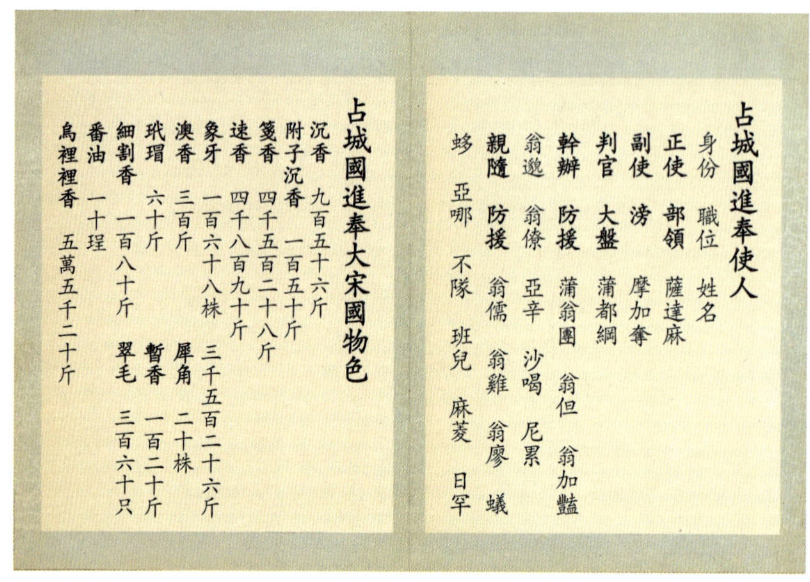

占城國進奉使人
身份 職位 姓名
正使 部領 薩達麻
副使 滂 摩加奪
判官 大盤 蒲都綱
幹辦 防援 蒲翁團 翁但 翁加豔
翁邈 翁僚 亞辛 沙喝 尼累
親隨 防援 翁儒 翁雞 翁廖 蟻
蛿 亞哪 不隊 班兒 麻菱 日罕

占城國進奉大宋國物色
沉香 九百五十六斤
附子沉香 一百五十斤
箋香 四千五百二十八斤
速香 四千八百九十斤
象牙 一百六十八株 三千五百二十六斤
澳香 三百斤 犀角 二十株
玳瑁 六十斤 暫香 一百二十斤
細割香 一百八十斤 翠毛 三百六十只
番油 一十埕
烏裡裡香 五萬五千二十斤

占城国进奉使成员及入贡方物清单

乎陈惟安的意料，市舶司长官郑震闻声而出，热情欢迎。按照郑震的说法，自从定都临安后，20 多年来，他们是第一支踏上宋朝国土的友邦使者。

听到这一消息，陈惟安与占城使者喜出望外，一不小心竟然刷新了一个邦交“纪录”。可是，当双方谈及占城的贡品时，郑震忽然提到一件事，令众人心里咯噔一下，感觉还是出问题了。

占城人此行必须进京，否则这一趟来就毫无意义。可当时市舶司对一般所谓的“朝贡使者”，都是揽下货物，酌情回赠，就地解决，绝不让人轻易进京上访朝廷。这次占城朝贡与众不同，“国书”之外竟然还有 7 万多斤的贡品，数量特别巨大，而且香药象牙都是能和金银珠宝相提并论的珍稀之物。

然而，郑震还是拒绝了众人“到临安去”的要求。他说，占城贡品不可谓不多，也不可谓不佳，但却漏了最重要的一个东西。众人眼睛都瞪大了，不知道究竟落下了什么要紧物事。

郑震说，绍兴十五年（1145），交趾（今越南）入贡了六头驯象和两头骆驼，其中有一头雌象，模样儿端的讨人喜欢，京城人都叫它“三小娘子”。朝廷在崇新门外专门建了一所象院，安顿这些庞然大物。每天一早，“三小娘子”和其他几头大象，跟随宫里的朝殿官，款款来到大内和宁门前唱喏朝拜。等官家退朝了，“三小娘子”再循原路返回象院。“三小娘子”所到之处，人山人海，欢呼雀跃。可是它后来不幸亡故了，其他大象也都接连走了。这以后，御街上平淡无奇，官家也没了卤簿出行的兴致。郑震最后撂下一句话，说这次占城如有驯象入贡，本官即可保你们一路顺风到临安去。

占城人傻眼了，辛辛苦苦扛了7万多斤贡品，漂洋过海来到大宋，没料到信息不对称，白跑一趟。

关键时刻，还是陈惟安有主意。他说，这次朝贡走的是海路，大象如何运得？人要晕船，即使生不如死，也就那样了，可大象要是在海上犯晕了，一难受，发起狂来横冲直撞，那可是要闯大祸的！不过，也不要紧，不就是几头大象的事嘛，咱们可以去交趾买啊。他向郑震提议，先把占城入贡这事上报朝廷，随附的贡品清单上再添一笔，朝廷如要驯象，他们这就去交趾补办这事。

陈惟安能说会道，语言又无任何障碍，郑震居然就被说服了，派人将占城入贡的消息上报朝廷。八月十四日，朝廷接到郑震的报告，不但同意占城使者进京，而且对他们准备去交趾筹措驯象一事，明确表示可以暂时搁置。陈惟安一行人得到这一好消息后，欣喜若狂，到临安去，终于成行啦！

还有好消息传来。八月二十一日，郑震向朝廷报告，打算选派熟悉邦交事务的八名官吏，给占城人带路，并方便他们在跨越州界时，快速办妥相关手续。

然而，占城人带来的贡品实在太多了，扛着这么多货物进京，显然不现实。于是郑震决定，使者进京只带上部分朝见皇帝时需要展现的最重要贡品，其余物品暂存泉州。即使如是，准备随行带走的货物，仍然需要几十名壮汉和相同数量的马匹来搬运。为此，郑震建议配备 30 名身强力壮的“檐擎防护兵”，以及 20 多匹军马，用来承担一路护卫和搬运货品。为外邦使者专门配备运货檐擎兵，这在宋朝又是首创。郑震的这些提议，朝廷的回复一概允准。

宋八瓣菱花形航海铜镜。
雅安市博物馆藏

武夷山脉横亘于闽北和浙南之间

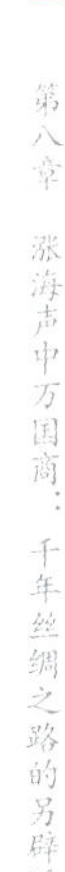

这里需要交代一个历史背景，就是当时为了京城临安的军事安全，海外舟船一律不许经杭州湾，从钱塘江进入临安，只允许从陆路进京。比如日本和高丽的船只，只能在明州泊岸入境，而从南海来的海外商船，就近可在广州抛锚，如果想去京城或江南地区，只能在泉州靠岸卸货，再由陆路转运。这也是泉州在南宋时进入海上贸易全盛时期的一个原因。

这次占城朝贡也不例外。他们这趟去临安，九月底从泉州启程，溯闽江北上，经建州（今福建建瓯），翻越闽浙交界处的武夷山脉，进入浙西境内，再一路北上临安。所以他们跋山涉水，足足走了四十天。十一月六日，占城人渡过钱塘江，在浙江亭（今浙江第一码头附近）上岸，由嘉会门（今南星桥附近）进入了南宋京城。

在都城的日子里，幸福来得稍稍晚了点

抵达临安的当天，大家在住宿上就出状况了。

外邦使者如金国使者到临安后，住在和宁门外的都亭驿（今六部桥东北）。但有官员认为，以前在汴京时，外邦使者各有住处，辽国在都亭驿，高丽在同文馆，西域回纥、于阗等国使者在礼宾院，其余各番国在瞻云馆或怀远驿。于是朝廷决定，临时将太常寺（大致位于今延安路与西湖大道交叉处以南）边上的法惠寺装修改造成怀远驿[①]，以安顿占城使者。

占城使者入住怀远驿，一点问题都没有，但他们的"全陪"兼翻译陈惟安住哪儿呢？按照宋朝规矩，怀远驿只接待外邦人士，本朝人一概不得留宿。可是陈惟安不住一起，占城使团的"团长"萨达麻心里就发毛。这一路上亏得有他前后照应，才能左右逢源走到今天，现在如果没他在身边，万一出个什么幺蛾子的事儿，自己语言不通，那可咋办办？

正在这时，太常寺官员领着一帮杂役，扛着大包小包的衣物送进怀远驿，说是朝廷发给全体占城人的"正装"本色服，届时在京的一切正式活动，都要着"正装"出席。

①后来宋朝新建四方馆于皇城东华门外，原怀远驿并入新馆，此地被改作台谏官宿舍。

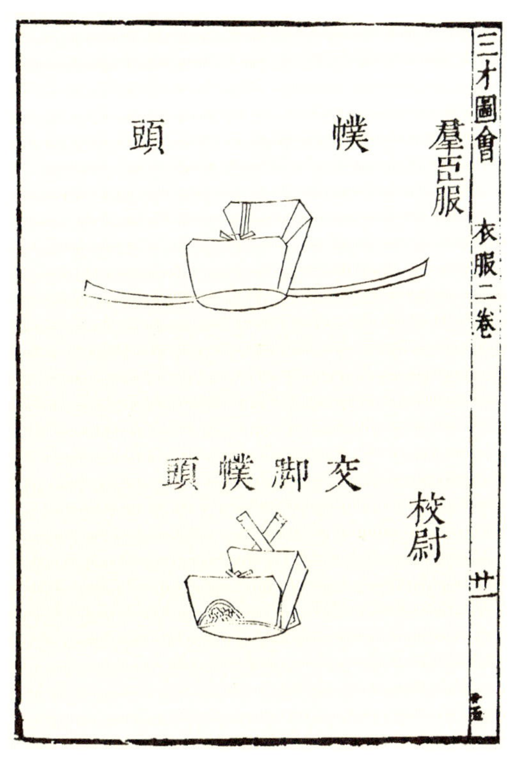

明人王圻、王思义《三才图会》中的文武官员幞头

这也关系到邦交活动的仪式感，非常重要。

陈惟安见此情形，跟萨达麻耳语了一番。萨达麻便通过陈惟安向太常寺官员提出，鄙邦小国不识大宋礼仪，须得教导预习，还请太常寺各位大人指教，然而日间教习，晚来复习，其间一往一来一招一式，须得陈惟安左右不离，方可不误大事，所以恳请允准他与使团人员住在一起。

太常寺官员最看重邦交礼仪的规范，这次预先为占城人定做“正装”，根据他们的官职品级不同，整套服装从帽子到鞋袜，从头到脚全包了。每套服装从款式到质地，从纹饰到颜色，每个环节、每个细节都注意到了。但如果他们最终出场时，一举一动与礼仪标准还是相去甚远，在朝见官家时礼数不着调，那绝对是大不敬。这要追起责来，太常寺逃不了干系。而且，太常寺已经获悉，预定占城贡使的朝见日为本月十三日，中间只有六天时间来教习相关礼仪，时间紧任务重，不能拘泥那些生硬规矩。

有鉴于邦交无小事，太常寺立即向朝廷作了汇报，最终准许陈惟安及其随从，也下榻在怀远驿。

接下来的六天时间里，陈惟安配合太常寺官员，对占城人专门进行了极为严格的礼仪培训。占城人白天学习，晚上练习，这么夜以继日连轴转，一个个累得叫苦连天。

十一月十三日五更[1]时候，在太常寺官员的带领下，占城使者骑马来到和宁门外，在临时为他们搭建的一座帐篷中，等候朝见宋朝皇帝。

天麻麻亮，终于听到宫中阁门的宣召，占城使者步行进入和宁门，转过学士院，来到了宋朝皇帝接见外邦使者的大庆殿。陈惟安作为通晓占城语言，也是最了解占城国情的翻译，也跟随进殿拜见了皇帝。

一切都按照事先演练的礼仪规程，进行朝拜、对话和献礼，不能多说一句话、多走一步路。幸好，一切顺利进行，没出一点岔子！但一杯茶的工夫都不到，朝见就结束了。贡使们循原路走出和宁门时，天色仍未大亮。

占城人这趟来临安，从出海到现在，辛苦了四个多月，终于见到了宋朝皇帝。尽管朝见时间实在太短，但他们还是如愿以偿，如释重负，回到怀远驿后，一个个禁不住开怀大笑。

只有陈惟安的神经还绷紧着。他当初想住在怀远驿，

①凌晨四点左右。

有他自己的小九九。

一方面当然是为了确保占城人一切顺利。但另一方面，怀远驿就在御街附近，他早就听说御街上集中了大量金银珠宝店，就融和坊到市南坊（今中山路河坊街到羊坝头一带）这短短一段路，就形成了一个荟萃天南海北珠宝的“珠子市”，动辄都是数以万计的买卖。稍北方向的炭桥药市，所卖香药也是大宗商品。

所以，他想抽空去御街了解市面，顺便寻找自己未来的货卖合作者。作为商人，寻求商机永远是他不懈的追求。

朝见宋朝皇帝后，占城人开始在京城各处自由活动，也是等待宋朝方面的回赐和相关封号。而陈惟安暂时不需要紧跟占城人左右了，便带着随从去了御街。

这天，直到深夜，他才回到住处。一天下来，他觉得在京城谈生意、做买卖，太方便了。只是跑了朝天门（今鼓楼）到官巷这一小段路，他就基本达到了之前预定的小目标。

在这里，不说各种店铺鳞次栉比，应有尽有，就说他几次邀请专门介绍商品产销的中间人“牙侩”，和他们谈合作项目，要喝酒有中和楼、三元楼、武林园，要喝茶有连二茶坊、蒋节干茶坊、王妈妈茶肆、蒋检阅茶肆，娱乐场所又有中瓦子、大瓦子、南瓦等，都是洽谈生意的好场所。

走在御街上，时不时可以看到，买卖双方以金币支付交换，大额用金铤，一般则用当时特有的金叶子，一两十页十分金，非常方便裁剪找零。因此御街上各种金铺三步一家，五步一店。譬如“清河坊西阮六郎铺”“保佑坊南郭顺记”和“官巷前街许三郎铺”等，都是兑卖金叶子的金铺。

当然，御街上也有他不理解的地方，譬如中瓦南街附近的“荣六郎书籍铺”，在这样寸土寸金的黄金地段，竟然开起了书店。不说这刻书卖书的时间周期长，资金回笼慢，就卖几本书能有多少营收？付付房租都够呛吧。

京城夜市是他没有想到的。整条御街像是过节一样的热闹，灯红酒绿，笙歌悠扬，人影憧憧，暗香盈盈。陈惟安第一次遇见这样繁华的都市，心都醉了。

朝贡在很大程度上说，其实就是一种贸易往来。可是，一段时候过后，占城人并未等来宋朝方面的回赐，也没人提什么封号的事。尽管宋朝还特别安排了一次有皇家乐队伴奏的御宴，这是以前辽国使者才有的待遇，但占城人现在关心的是正式的封赏和回赐。

十一月十九日冬至这天，占城使者还被要求“正装”前往城南郊坛（今南宋官窑博物馆附近），和宋朝文武百官一起，陪同皇帝举行三年一度的南郊祭天大礼。能参加这样的典礼活动，占城人可谓三生有幸。而对宋朝来说，这是一个对外显示大国威仪的绝好机会。但这其间，占城人没有得到任何值得期待的消息。

眼下已是隆冬季节，七月出门的占城人，从未遭遇过如此寒冷的天气，谁受得了？于是，他们逐渐失去耐心，嚷嚷着要打道回府了。

陈惟安从中多次斡旋，终于在二十二日等来了宋朝回赐的消息：回赐各色绢银折合时价六万六千贯。而对

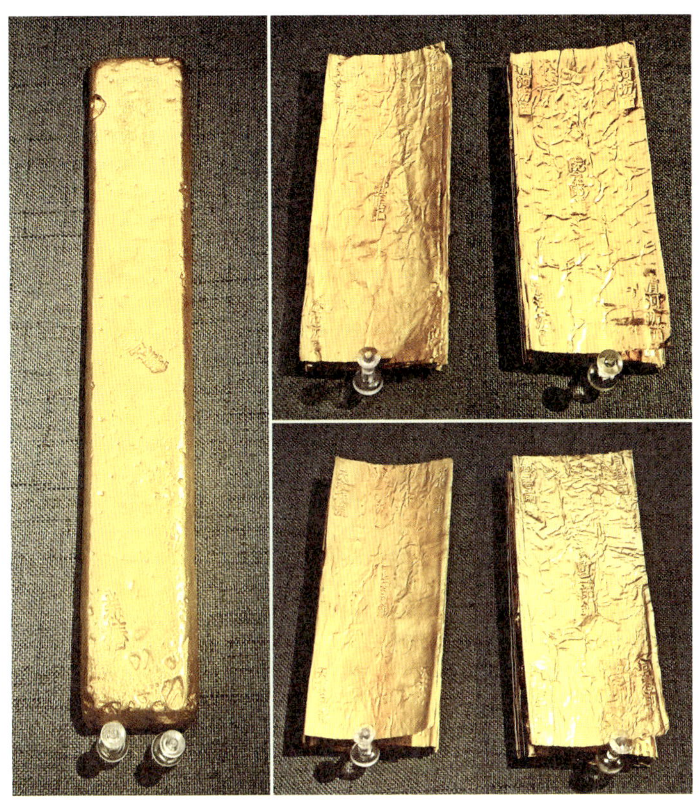

南宋临安城金铺戳记金铤和金叶子。左："叶椿"金铤。右上右起："清河坊西阮六郎铺"和"保佑坊南郭顺记"金叶子。右下右起："官巷前街许三郎铺"和"天水桥东周五郎铺"金叶子。杭州博物馆藏

占城国王所谓的封号和赏赐，仍无半点消息。可如果没有封赏，即使回赐物品再丰厚，这次朝贡打六十分都很勉强。

又等了六天，占城人等来了宋朝颁给占城国王的一道敕书，内容也就是对占城"国书"回复的官样文章，一个字也没提到对国王封赏的事。

实在待不下去的占城人正式提出了辞别回国的请求。在得到宋朝方面同意后，十二月三日，他们带着遗憾的心情，离开临安回国了。

而事实上，宋朝方面并没有闲着，他们也有他们的难处。

赵宋王朝南渡时，有关邦交礼仪的档案遗失殆尽。占城人的这次来访，是南宋立国后第一次碰到的正式邦交活动。如何合乎这其中的礼仪规范，包括占城人必须穿着的“正装”范式，一时都无迹可循。几位首席大学士也是动足了脑筋，再三研讨，才拟定了一整套的仪程和相关物事，并赶在十一月初占城人抵达京城前，办妥了所有仪程事项。这已经非常不容易了。

到了要回赐占城礼物的时候，又碰到麻烦了。因为占城的贡品大部分留在了泉州，临安这边根本无法清点。后来主管国库的太府寺出面联系泉州，对贡品进行估价。这一来二去，耗费了大量时间。最终的估价是 10.7 万贯，这才最后敲定回赐 6.6 万贯这一数额。

当然，占城贡品如果按拍卖时价计算，应该值二三十万贯。宋朝方面回赐不到 7 万贯，确实太少了。但其中也考虑到了占城人入境以后的吃住行，以及“正装”礼服等方面大量花销的因素。

至于给邹时巴兰国王究竟什么封号和赏赐，大学士们得先查找依据，引经据典做好一篇合格的“学术”文章，才能让朝廷拍板定案。

但这一切要全部而且及时办成办好，谈何容易？

从这个层面理解这次邦交事件，可以说，海上丝绸之路的意义，不仅仅是贸易上的互惠互利，在南宋时更是促使了邦交正常化。对宋朝一方来说，借此机会，残损的礼仪文献得以拾遗补缺，往日的礼仪规范得以系统整理，并推而广之成为了今后邦交活动的一整套标准。对一个文明国家而言，这是更大的一种收获。

对于占城使者来说，这次朝贡经历起起伏伏，一波三折，即使出了临安城走上归途，也还在继续。十二月六日，还在浙西境内的占城人，又一次得到了一个意外的消息。此时他们的失望情绪还未平复，驿站快马突然转达了一封宋朝诏书，内容是赐予占城国王礼物，并封赏进奉使“团长”萨达麻“归德郎”称号。

萨达麻心里一阵高兴，国王终于得到了专门的赏赐，而自己竟然也被封了大宋官爵，没想到啊！但转而一想，他又高兴不起来了，宋朝给国王的封号还是落空了，自己回去怎么交代呢？

三天以后，占城人再次接到来自临安的诏书，这次

大宋國賜占城國朝見使朝辭使禮服
正使　紫羅寬衫　小綾寬汗衫　大綾衫夾襪　頭袴　小綾勒帛
十兩金腰帶　幞頭　絲鞋　衣著三十匹　紫綺被褥氈一副
副使　紫羅寬衫　小綾寬汗衫　大綾夾襪　頭袴　小綾勒帛
七兩金腰帶　幞頭　絲鞋　衣著三十匹
判官　紫羅寬衫　絹寬汗衫　小綾夾襪　頭袴　小綾勒帛　十
金花銀腰帶　幞頭　絲鞋　衣著十匹
防援　紫羅絁衫　紫絹汗衫　絹夾襪　頭袴　絹勒帛　幞頭
麻鞋　衣著七匹
正使　紫羅窄衫子　小綾窄汗衫　小綾勒帛　銀器五十兩　衣
著三十匹
副使　紫羅窄衫子　小綾窄汗衫　小綾勒帛　銀器三十兩　衣
著二十匹
判官　紫羅窄衫子　銀器十兩　衣著十匹
防援　銀器十兩　衣著五匹
大宋國賜占城國王禮物
銀絹各一千匹兩　寬衣一對　二十兩鏤金帶一條　細衣著一百
匹　金花銀器二百兩　衣著一百匹
大宋國回賜占城國數目
錦三百五十匹　生川綾二百匹　生川壓羅四十匹　生樗蒲綾四
十匹　生川克絲一百匹　雜色綾一千匹　雜色羅一千匹　熟樗
蒲綾五百匹　江南絹三千匹　銀一萬兩

宋朝回赐衣物银绢清单

的内容就是封赏邹时巴兰：特授紫金光禄大夫、检校司空，使持节琳州诸军事、琳州刺史，充怀远军节度观察留后，兼御史大夫、上柱国、占城国王，食邑一千户、实封五百户。

听到这一大堆有点唠唠叨叨的封号，所有占城人，包括陈惟安，心里无比激动，雀跃欢呼。这是一个与邹时巴兰父王杨卜麻叠相同的官爵封号，意味着宋朝对于占城新国王的全盘接受，两国实现了邦交正常化。对萨达麻来说，虽然幸福来得晚了点，但此行终于可以不辱使命收场了！

那么，这次占城进贡一事的全程策划者、实施者、担保者陈惟安，他又收获了什么？

他在京城接洽了一批商业合作的专业介绍人，这等于是在商品销售环节铺好了路。而此次占城人朝贡之行的完美结束，他俨然就是占城官方的座上宾，这意味着在商品供货环节上，他在占城一地也打开了局面。至于眼前收获，市舶司将占城贡品在泉州进行了市场拍卖，一部分收益作为朝廷回赐返还，虽然不多，但能够收支相抵，他的账本上并未出现赤字。

而这一切，正是他谋划“到临安去”时，早已打好的个人算盘。

不过，让陈惟安意想不到的收获还在后面。次年二月二十八日，他在泉州忽然收到一封朝廷诏书，鉴于他在占城入贡中所作出的突出贡献，特授予承信郎官爵。哈哈，真的赚大了！戴着一顶货真价实的大宋乌纱帽，往来于东西海商之间，出入于各国官府之中，这将会是一种怎样的画面感呢？

放之四海而皆准：出来混，要讲诚信

南宋自占城进贡获得成功后，交趾、三佛齐（位于今苏门答腊）等国也闻风而动，跟着派出贡使入宋，整个海上贸易日益兴盛。

从宋朝方面来说，市舶之利非常显著。绍兴七年（1137），宋朝各地市舶司的收益是 100 万贯，可到了绍兴二十九年（1159），突破 200 万贯，竟然翻了一番。

然而，茫茫海天阴晴莫测，波谲云诡杀机四伏，即使波澜不兴也暗藏万丈深渊。诡异和凶险总是不离大海左右，追逐着远航的水手。

占城人再次打算到临安去。那位“团长”萨达麻在时隔 19 年后，突然又来了！

孝宗淳熙元年（1174）七月三日，此时的占城国王邹亚娜派出了进奉使团，再次渡海朝贡。萨达麻的这次衔命入宋，缘于 7 年前占城的一次进贡，出了一件非常恶劣的“截胡”事件。

邹亚娜原本不是占城国王。孝宗赵昚即位没两年，邹时巴兰去世，他儿子继承王位，但不久就在乾道三年（1167）被邹亚娜弑杀。

因为暴力篡位，邹亚娜急于得到宋朝的合法承认，便想到要朝贡中国。乾道四年（1168），他开始筹办贡品，四处收罗香料和象牙。不承想几个月过去了，收获甚少。想想邹时巴兰那年宋朝海商陈惟安帮助筹集的七万斤香料和象牙，而自己费了九牛二虎之力才弄到可怜巴巴的这点货，邹亚娜欲哭无泪。

就在快要绝望时，一个消息令他突然兴奋起来：一队满载着香料和象牙的大食商船，驶进了占城港湾。邹亚娜露出了一丝诡异的笑容，对手下人如此这般叮嘱了一番。

大食商人正在等待获准上岸，突然一群武装大汉冲上船来，高喊“打劫”，见人就抓。大食人措手不及，束手就擒。只有乌师点等少数几个人拔刀抵抗，但终究寡不敌众，最后走投无路都跳了海。

这些邹亚娜指使的占城人做了一回“截胡”的海盗，明火执仗劫了大食商船。他们上船一清点，全惊呆了！原来这些大食人也是打算去宋朝贩卖香料和象牙的，而且出手豪阔，一家伙运来了各色香料如白乳香和混杂乳香等，总共十多万斤，大约 63 吨，象牙近 7800 斤，5 吨左右，远超当年邹时巴兰的出货量。

天上还能掉下这么大号的“馅饼”，可把邹亚娜乐坏了。他立即选定进奉大宋的贡使，另外雇了四五艘宋朝商船，装上劫来的货物，直奔泉州而来。

这年九月初，占城贡使的船队浩浩荡荡开进泉州港。

如此大手笔的进贡，在泉州引起了不小的轰动。这次接待占城人的是提举福建路市舶程佑之，他见占城人如此阵仗，不敢怠慢，立即将情况上报朝廷。

十月一日，朝廷答复准许占城入贡，要求程佑之将全部货物分成十等份，挑选其中最佳的一份作为贡品，转运京城。其余九份则按照规定征税，并全部由市舶司出钱买下后，就地拍卖。等到货卖有结果，朝廷再根据实际收益，确定回赐数额。

程佑之遵照这一指示，将十分之一贡品打包运送京城，其余的留在当地开始拍卖。转眼到了年底，占城贡品顺利卖完。眼看市舶司就可以对这次入贡营收结账了，事情却发生了突然变化。

其实，占城人对宋朝的做法并不满意。他们希望能进京朝见皇帝，退一步说，即使不去临安，宋朝也应考

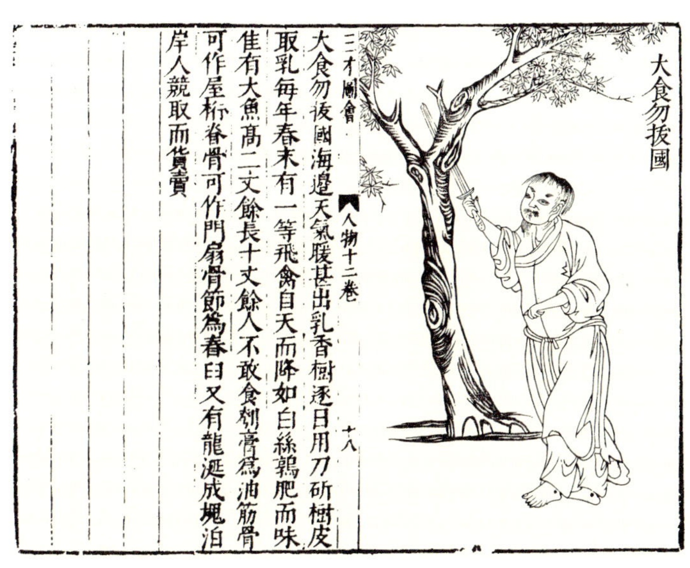
大食勿拔國

三才圖會 人物十二卷 十八

大食勿拔國海邊天氣暖甚出乳香樹逐日用刀斫樹皮取乳每年春末有一等飛禽自天而降如白絲鵝肥而味佳有大魚高二丈餘長十丈餘人不敢食刳膏爲油筋骨可作屋桁脊骨可作門扇骨節爲舂臼又有龍涎成塊泊岸人競取而貨賣

明人王圻、王思义《三才图会》记载的大食勿拔特产乳香和龙涎香。明刻本

虑如何封赏邹亚娜，颁发正式承认占城新国王的官方文件。于是，他们时不时就跑来跟程佑之软磨硬泡。

这天，占城贡使又来了，但却忽然发现，程佑之的脸色非常难看，全然不是平时的和颜悦色。果然，程佑之拍案而起，直指占城人卑鄙无耻，竟然干起了海贼的勾当，但在我的地盘上“截胡”使坏，我告诉你，没门！

占城人吓了一大跳，强作镇定装糊涂，死不认账。程佑之当即叫来几名大食人对质，占城贡使当场就蔫了。

来人正是那天在占城跳海逃命的乌师点等几个大食商人。当时他们跳海后以为在劫难逃，却幸运地被一艘宋朝商船搭救。之后乌师点等人想营救被囚禁的同伴，却无从下手。得知占城人劫夺商船是准备去宋朝进贡的，他们便一路尾随，也来到了泉州。见这批货物正在拍卖，便向市舶司告发了占城人的强盗行径，恳请宋朝官方主持正义。

程佑之是多年掌管市舶司的老手，三下五除二搞清了事实真相，便快马上奏朝廷，请求取消占城人的这次入贡，所有钱物听候朝廷处置。

乾道四年（1168）正月的一天，京城大内垂拱殿中，朝臣对占城人劫财冒贡的事，开展讨论。几经争论后，大家的看法渐趋统一：邹亚娜即位合不合法，咱大宋管不着，入贡只要合乎礼仪规范，本来是可以考虑给他封赏的，但现在“截胡”这桩破事被人告发了，真相大白，对他肯定不能再行封赏了。

于是，赵昚皇帝正式下诏：拒见贡使，拒收贡品；已经发来京城的贡品悉数发还泉州，跟其他九份物品一

周益國文忠公集 玉堂類稿 卷十一 二

賜占城嗣國王鄒亞娜進奉勑書

勑占城嗣國王鄒亞娜昨據提舉福建路市舶張堅繳奏卿所遣進奉使副楊卜薩達嘛翁畢頓等賫到表章一道並貢象牙乳香沉香等事維乃海邦舊遵國制逮而纂服繼述不忘仍歲以來使航洊至旅陳方貢祗慶郊禋載念勤誠良深眷矚已降指揮將所貢物以十分爲率許留一分其餘依條例抽買給還價錢外今回賜卿錦三十疋綾二十疋川生押羅二十疋生樗蒲綾二十疋川生克絲一十疋雜色綾一百五十疋雜色羅一百五十疋熟白樗蒲綾五十疋江南絹五百疋銀一千兩至可領也故茲示諭想宜知悉春暖卿比好否遣書指不多及

周必大起草的宋朝给予邹亚娜的敕书。《庐陵周益国文忠公集·玉堂类稿》卷一一，清刻本

样，市舶司该抽税的抽税，该拍卖的拍卖；最终由市舶司处置，将货物本钱发还大食人。

到二月份，赵昚又追发了一道诏书，令邹亚娜释放被囚禁的大食人，让他们安全回国。

邹亚娜冒贡事件就此结案。因为宋人的正义感，他啥也没得到，却臭名昭著。

偷鸡不成的邹亚娜仍幻想着哪天宋朝对他给予加封。淳熙元年（1174），经过多年准备，邹亚娜再次向宋朝派出进奉贡使。为了如愿得到封赏，这次的贡品筹办没敢再走歪门邪道，而且请出了邹时巴兰时的那位进贡正

宋代航海图形铜镜，图上铭文为“煌丕昌天”，意为“上苍保佑，天下昌盛”。国家博物馆藏

使萨达麻，携带刻有给宋朝皇帝表章以及贡品目录的银简，郑重其事出发了。

可是，因为第一印象不佳，宋朝对邹亚娜的再次入贡很小心。赵昚直截了当命令泉州官员，占城贡使进京就免了，只接受十分之一的贡品，余下的由市舶司按照惯例处置。

第二年三月，在泉州的占城贡品被悉数征税变卖后，宋朝给了一份回赐礼物，而且在相关敕书上称邹亚娜为占城国王，算是接受了这次入贡，也认可了他的国王地位。但没有封赏的正式文书，回赐数额与邹时巴兰相比，也大幅缩水。

这以后，邹亚娜对宋朝反目成仇，竟然派人到琼州（今海南岛）大肆劫掠，重现了一个江洋大盗的可憎面目。

邹亚娜阳关正道不走，结局就悲催了。先是挑起与真腊国（今柬埔寨）的战争，却用力过猛，反被对方摁地上一顿暴揍，当了俘虏。侥幸被释放后，也不消停，宋光宗绍熙三年（1192），在又一场占城王位的争夺战中，最终被对手一刀砍掉了脑袋。

这还真应了那句放之四海而皆准的老话："出来混，迟早是要还的！"

『（建炎三年十二月）乙酉，完颜宗弼犯临安府。钱塘令朱跸率民兵逆战，伤甚，犹叱左右负己击敌。』——《建炎以来系年要录》卷三〇

《宋史》首设『忠义传』十卷，记载两宋之交和宋末忠义人士二百八十九人，卷数和人数之多为『二十四史』之最。

第九章

从五十人到十万人，一座永恒之城的正气歌

鹅湖论西湖，辛弃疾醉里挑灯看“漏”

自从绍兴三十二年（1162）由山东南渡至今，已经26年了，辛弃疾还是第一次喝得如此兴奋。跟他一起喝高了的，是永康（今属浙江）名士陈亮。

屋内酒酣耳热，窗外大雪纷飞。这是孝宗淳熙十五年（1188）在江西上饶，陈亮慕名拜访了闲居在铅山带湖的辛弃疾。两位人中豪杰同游鹅湖山水，共议收复中原，很是情投意合，相见恨晚。

这晚，辛弃疾置酒设宴，款待远朋，另外还约了附近的大儒朱熹前来把酒共欢，也算是一次“鹅湖之会”。只是老朱不知啥原因没能赴约。但少了一人的酒席并没有冷场，辛弃疾和陈亮两人在推杯换盏中，依然是海阔天空，兴致勃勃。

两人一阵宏论后，已经醉意不浅的辛弃疾从自己当年的“醉里挑灯看剑”“沙场秋点兵”，又聊到了京城临安的长长短短，大着嗓门吼道：“二十多年了！咱就纳闷了！为啥就没人看到临安城的这个漏洞？哪天有谁兵临城下，一旦决开西湖，满城军民不都成了鱼鳖？”

陈亮一听决水西湖，嗓门更大了："要说这事啊，我比你还纳闷呢！京城地势低于西湖，这事我好歹还专门上书提醒过官家，可结果呢？官家说是要赏我一顶乌纱帽，对我的劝告却不予理会。你以为我上书就是为当官啊？"陈亮说的上书一事，是在十年前的淳熙五年（1178）正月二十二日。虽然他发现京城在军事地理上的这个"先天不足"，要比辛弃疾晚很多年，但这事在心里憋屈了整整十年，今天趁着酒兴，也是一吐为快。

辛弃疾听到陈亮居然也发现了京城这个隐患，还上书过官家，大感意外，对陈亮激赏不已，拍案称赞。

说到京城临安，陈亮掩盖不住一脸的郁闷。他说："在下那年上书官家，以为当移都建康（今南京），并且规划武昌，经营襄樊，以此控扼中原，这才是本朝的百年大计，可是官家……嗨！"他叹了口气摇摇头，一口闷干了酒。

辛弃疾说："咱在京城时，曾听说坊间流传这样一句话，说是'东门菜，西门水，南门柴，北门米'。放眼天下都城，罕有如此的好处！但这也是咱京城的要害所在。"他替陈亮满上酒，对撞了一下酒盏，咕咚喝了一大口，说："这'西门水'的险要咱就不再啰唆了，就说'北门米'，那运河如果被人一断，京城百万军民不就断粮了？你说到建康，京城'北门'更大的忧患，恰恰就在建康！你想，牛头山（在今南京东南）扼守建康和镇江两地，此地一旦失守，天下援兵是否也将断绝？不知朝中衮衮诸公，可有人看到这个关节点？"说到最后，竟有无限惆怅。

陈亮少时就好谈兵，还写过一册纵论历代名将用兵得失的《酌古论》，小有名气。可是相比在北方义军带过兵、

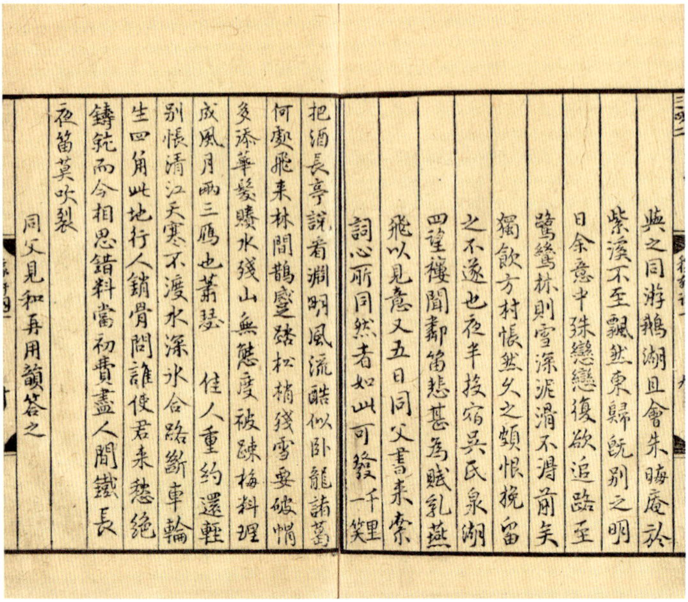

《稼轩长短句》中记载的陈亮别后辛弃疾雪中追寻的情形。元大德三年铅山广信书院刊本，国家图书馆藏

打过仗的辛弃疾，他那都是“纸上谈兵”而已。如今见辛弃疾不但眼光深邃独到，还毫无顾忌地将京城的军事急所，点得如此透彻，心里钦佩不已。

然而，当晚已经睡下的陈亮在回味辛弃疾那句“断牛头之山，天下无援兵；决西湖之水，满城皆鱼鳖”的高论时，忽然感到不安起来。自己当年看到了西湖水高这一京城隐患，除了将其告诫官家，从不敢叭叭地四处传说。现在听到辛弃疾如此高谈阔论，自己醉意之中也将当年向官家陈述的谋敌方略和盘托出，还喋喋不休地吐槽官家，这是否有点话太多了？他这酒顿时醒了三分。

次日一早，辛弃疾还在醉眼朦胧中，陈亮便以朱熹未能如约前来做托词，向他拱手告别，飘然而去。等到辛弃疾宿醉全醒之后，骑马赶出门外，想要冒雪将这位难得的知己追寻回来时，陈亮早已去得远了……

无论是居庙堂之高，还是处江湖之远，辛弃疾和陈亮时刻都惦念着北上中原的国家大计，忧虑着定都临安的兵家之忌。

京城安危维系着天下安危，但世上并无固若金汤的重镇或要塞，尤其是一国之都，史上未被攻陷过的京城寥寥无几。虽然如此，历朝历代依然不遗余力，重兵捍卫。

诚如辛弃疾和陈亮所说的，临安作为南宋京城，确实存在着军事防御上的“软肋”。但北宋当初定都于中原四战之地的开封城，也曾引起过京城难守的议论。而事实上，因为宋朝采取“强干弱枝”的国策，数十万禁军云集于“四大京城”[①]，京畿拱卫严密周备，开封城还是得到了长达一个半世纪的和平发展。

临安城也有长达一百四十多年干戈不扰的岁月。可以这么说，如果没有周密的防卫，就没有京城临安的存在。临安城在军事防御上具有较为完备的体系，这既是保障和稳固赵宋政权的一种基础，也是这座城市从京城走向天城的一种底气。

那么，京城防御体系的构建，又如何来守住这种底气呢？经验之一，便是吸取这个城市的历史教训。

①即东京开封府、西京洛阳府、北京大名府、南京应天府。

那一场逆势血战，铸就了新的“长城”

时间拨回到建炎三年（1129）十二月，那是个朔风呼啸的寒冬。

这年入冬时，金兵大举南下，分数路突破了南宋的长江防线。在临安的赵构闻讯后，即刻渡过钱塘江，沿浙东运河逃往明州（今浙江宁波）。金国名将兀术率领十万金军，于十一月二十七日攻破建康，随后从溧阳南下，十二月七日攻陷广德军（今安徽广德），八日破安吉，九日越过无人防守的独松关，兵锋直逼临安城。

消息传来，钱塘令朱跸立刻向知临安府康允之建议，赶紧派兵扼守千秋关和独松关。谁知懵懂无知的康允之根本不相信金兵已经逼近，还嬉皮笑脸地调侃朱跸说：“朱令所言真是好主意！您以为临安城能守住吗？或者说，咱们还有可战之兵吗？”

朱跸勃然变色道：“我临安城十万人家，都有一颗报国的赤子之心，大人您以为呢？”康允之不好意思跟朱跸讨论尽忠报国的事，便说：“安吉方向，听说那都是防江溃散下来的乱兵。要不麻烦您带上钱塘、仁和两县的兵士，前去看看如何？”朱跸应命马上召集了两县的弓手和土兵，组成一支千余人的民兵，向城西方向开拔。

十二月十一日，朱跸率部走到城西二十里外时，迎面撞见大批蜂拥而来的金军骑兵。朱跸毫不畏惧，挥兵逆战。一路只见宋军望风而逃的金兵，突然遭到迎头痛击，措手不及，折了一些人马。

就在朱跸奋力抵御金兵的同时，康允之手下一名刘姓将领，在湖州市（今杭州城北湖墅一带）也遭遇了小股金兵游骑，斩获了两颗金兵首级，派人提着赶快回城报警。谁知，康允之看到这两颗耳朵带有银环的辫子脑袋后，惊恐万分，拔脚就逃，置临安全城军民的安危于不顾，步了官家赵构的后尘。

这边朱跸虽然击退了城西方向的金兵，但对手毕竟是久经沙场的劲旅，又是兀术的主力，他这一千多衣甲不整、武器简陋的民兵，怎挡得住十万虎狼之师？

很快，金兵又卷土重来。但狡黠的金兵并不跟这群不要命的人近身肉搏，而是以己之长，远远地硬弓施射，矢如雨下。不多时，这支民兵死伤惨重，开始溃散。朱跸身中两箭，翻身落马。左右扶着重伤的他撤往灵隐山，路上有乡民认得这是朱县令，便抬来一顶轿子，一行人抬着他退到了西溪路口。

然而，以骑兵为主的金兵，很快就从四面八方追杀而来。朱跸裹创再战，由左右背着，大呼杀敌，率领所剩无几的民兵再次与强敌短兵相接。一场血战后，朱跸及其部属全部倒在了阵前，为国捐躯。

金兵消灭了朱跸这支民兵之后，策马狂奔，长驱直入。

但是，出人意料的是，金兵再次遭到了突然打击，损失惨重。当时，如同狂飙卷来的金兵掠过西溪，突进到了葛岭以北一带（大致在今黄龙洞附近）。眼前一马平川，临安城的北门余杭门（今武林门）已经遥遥在望。

可就在这时，忽然一阵异响，平地崩陷，大批金兵猛地撞进了一个个巨大的陷阱。紧跟在后的骑兵急切间根本刹不住战马，也随着一头猛栽进去，人马叠压，刀枪四戮，顿时血肉横飞，惨叫声声。

漂亮！这是谁干的？

原来，当朱跸召集民兵抗敌时，临安府一名叫岳仲琚的小吏也在积极备战。

岳仲琚家在钱塘门外霍山（今保俶路弥陀寺附近），

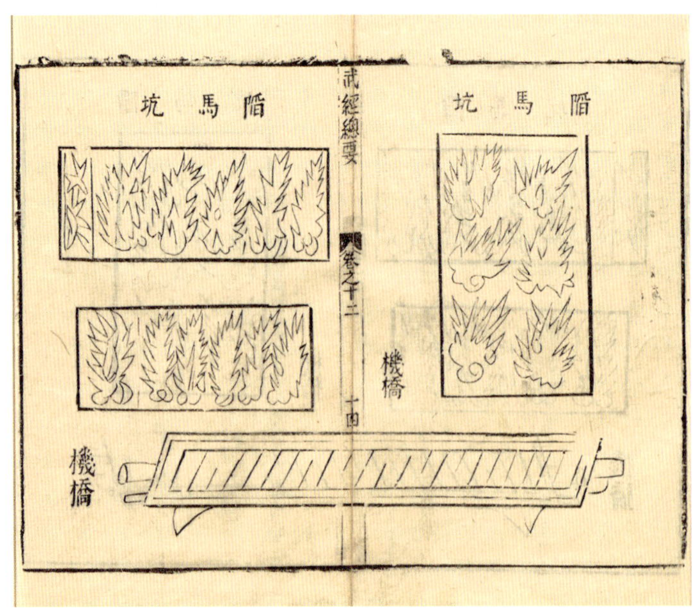

北宋曾公亮《武经总要》中有挖掘陷马坑、布设鹿角和枪竹签等的记述，以及图示。明万历刻本

家底殷实，可他手中并无一兵一卒。于是他散尽家财，招募了三百勇士，推举钱塘武官尉曹金胜、祝威为首领，扼守城西要道，掩护百姓撤离。

金胜、祝威有一定的军事经验，他们知道金兵势大，眼前这三百人断难杀退金兵。怎么办？他们想出了一个办法，在葛岭北麓金兵进犯的必经之路上，挖掘了大量陷阱，上面用竹编和泥土覆盖，巧妙伪装。骄狂的金兵果然中招，死者层层叠叠。三百勇士乘势杀出，后边金兵不知虚实，掉头就跑。

但是，对手金兀术毕竟是一代名将。他见此路已有伏兵，不敢贸然轻进，于是先向西退兵数里，然后兵分两路，自己亲率一路从桃源岭东侧（今玉泉一带）向南进兵，取道西山，绕到赤山埠，然后再沿着西湖边南屏山下的小路，向东突袭，一举攻破了钱湖门。

金兀术得手后，另一支金兵猛扑临安城西壁余杭门至钱塘门一线。金胜、祝威和岳仲据率领三百勇士，坚守不退。最终寡不敌众，全部阵亡。

——十二月十五日晚，临安全城沦陷！

建炎三年（1129）冬天的这场临安保卫战，虽然失败了，却给后来南宋京城防御系统的构建，带来了重要借鉴。

孝宗时，知临安府周淙主编的《乾道临安志》，透露了守卫京城四郊的禁军营地，涉及捧日、天武、龙神卫以及殿前司马步军三司等番号和兵种，其中西部禁军就部署在要冲之地西溪，指挥军寨则设在了安乐山（今余杭街道一带）。其他的戍守方向，东至钱塘江边的外沙，南至六和塔到白塔的龙山一线，北抵江涨桥镇（今湖墅北路信义坊一带）。

南宋晚期，另一位知临安府潜说友主编的《咸淳临安志》中，有一幅《西湖图》，如同“京城西部驻军布防图”一样，详细标明了临安城西郊各路守军的番号。其中从西溪到武林门和钱塘门外一路，驻扎着神勇军、神勇马寨、策选军、策选锋马军、步司中军、护圣马军等番号的步骑兵，并有相配套的三个练兵教场。

细看下去又可以发现，“八字桥”以西有“马军桥”，传统的放马之地“马塍”[①]又有东西两处。从这些地名特点看，这一路的驻军中，骑兵占有很大的比例。当年朱跸和金胜、祝威、岳仲琚等人率部迎战的对手，正是骑兵！

因此，南宋京城这一路的防御兵力重点加强骑兵力量，也算是吸取了历史的教训。

而当年金兀朮包抄偷袭临安的行军路线上，现在沿途驻军部署又会怎样呢？

还是看《西湖图》：北面灵隐到九里松一线，南面南高峰下至长桥以及钱湖门一线，这两线之间的西湖西侧和南岸地区，可谓重兵云集。

细数之下，行春桥（今洪春桥）一带有殿前步军、殿司左军、步右马军等番号的驻军，步骑兼有，其中步右马军还设有一处放马场。

西山大麦岭和赤山一带，以殿司左军的营寨为主，间有步右步军，并另设了两个教场，可见这一带驻军多以步兵为主。

①吴越王钱镠曾在此畜马三万多匹。

另外还有一个有亮点的部署：在钱湖门外，利用这里濒临西湖的地理特点，专门部署了一支水军——虎翼营。这支军队在协防钱湖门的同时，还可利用舟船向湖西各处机动出击。这就大大增强了整个西部防御体系的弹性，极具才智。

而从赤山到江边六和塔之间的交通孔道钱粮司岭（今虎跑路从赤山埠到六和塔一段），也有重兵扼守，以步司左军为主，间有步司后军、殿司左军、钱粮司营等。若有想从西南方向“暗度陈仓”的来犯者，这一布防可起到门闩作用。

如此周密的防卫，使得当年金兵从这一路包抄偷袭临安城的历史，不太可能再有机会上演。

朱跸、金胜、祝威和岳仲琚等一大批忠勇义士的牺牲，为临安城铸就了新的“长城”。京城西郊防御体系一百多年的稳固和安全，饱含着他们的一腔热血。

青山有幸埋忠骨。临安人感怀这些为国为民牺牲的义勇壮士，在钱塘门一侧建“灵卫庙”（也称“金祝庙”），奉祀朱跸和金胜、祝威二将。钱塘门外宝石山下又建“显功庙”（也称“宝稷山王庙”），祭奠的是岳仲琚。

终南宋一百多年间，这些不畏强敌、共赴国难的英灵忠魂，一直陪伴在临安城。每当春暖花开，临安人出钱塘门踏青西湖时，总会在他们的祠庙里添上一段香火，缅怀的思绪随着袅袅青烟飘向天空，不绝如缕。

直到今天，杭州武林门西还有一条小路叫“金祝北路”，附近的住宅小区就叫“金祝新村”。

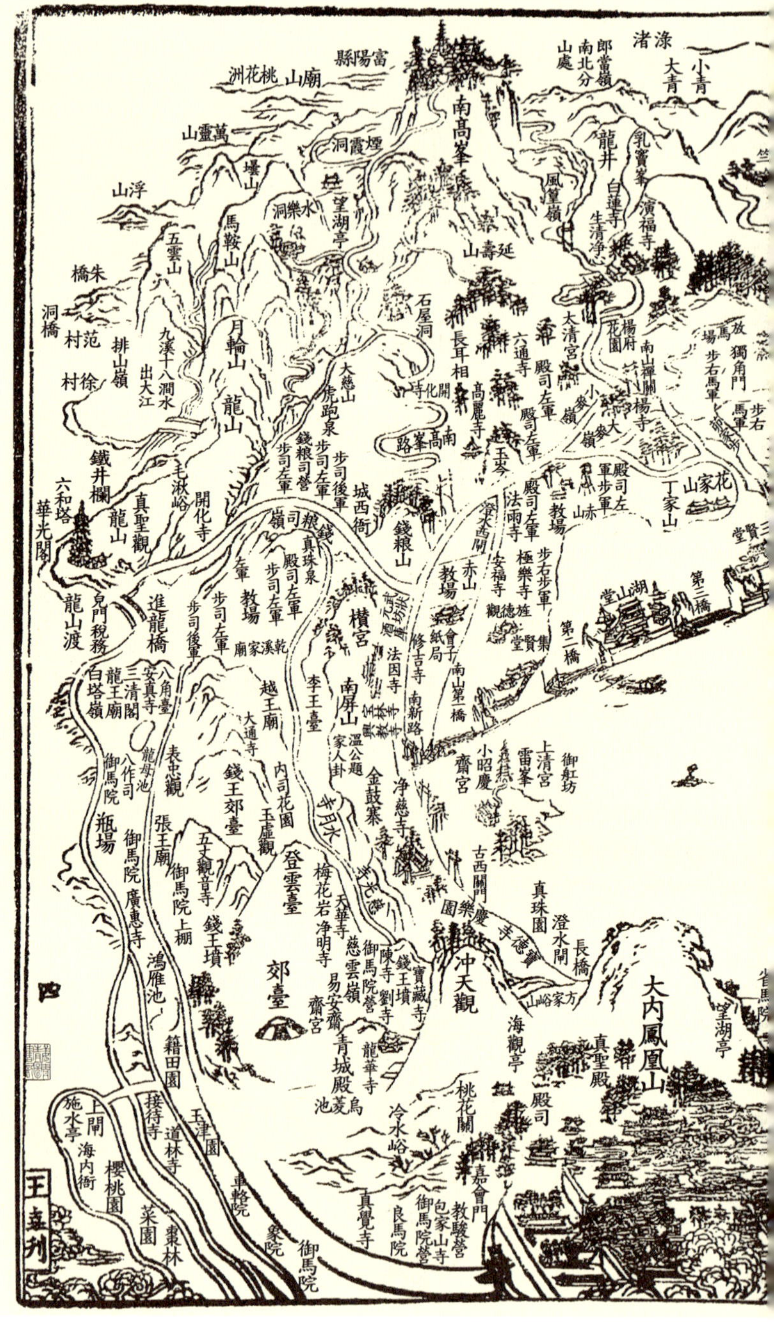

南宋潜说友《咸淳临安志·西湖图》

西湖圖
北高峯
昌化縣
於潛縣
臨安縣
東天目
西天目
分金岭
法華山
閑林市
岳廟
方井
駝巘嶺
洞霄宮
九鎖山
西觀音山
西溪路
南湖
徑山
通濟橋
餘杭縣
安樂山
鮑家田
妙智庵
葛嶺山
平章府
孤山
四聖觀
太一宮
水月園
斷橋
龍泉寺
清水港
教場
錢塘尉司
先得樓
豐樂樓
環碧園
靈芝寺
顯應觀
府君廟
聚景園
一清堂
菩提寺
玉壺園
湧金水口
五龍王廟
開湖司
錢塘門
府治
府學
運司
三橋
井亭
太學
左藏庫
宗學
仁和縣
東市
上塘河
下塘河
德勝橋
松毛場
五里塘
橫塘
宗陽宮
太廟
五府

海上突发兵变带来的“京师驻军布防图”

京城的安全并不是因为有了“榜样”的力量，就可以高枕无忧了。万一还有什么漏洞被人利用，转眼之间还是有可能叫你一切彻底“清零”。

那么，有漏洞吗？有，而且还非常大！

绍兴三年（1133）四月二十六日，驻屯明州（今浙江宁波）城东的御前忠锐第七将徐文下定决心不再跟赵宋皇帝混了，准备投奔在山东的金朝傀儡齐国皇帝刘豫。

他蛊惑了手下很大一帮人一起“跳槽”，但人多嘴杂，此事走透了消息，宋将朱师闵闻讯立即率兵赶来。徐文非常警觉，感到情况不妙，便招呼部下连夜上船出逃。次日天还未亮，徐文的舰队驶到了定海（今浙江镇海），他打算登岸看看还有没有什么便宜好捞。但此时他变节的消息已经传开，忠锐第八将武德郎赵琦一边率兵在海岸上与徐文部对峙，一边派人飞马报告沿海制置使仇悆，请求派兵增援。然而，等到仇悆率领大部队赶到时，狡黠的徐文已扬帆而去。

徐文的叛逃给南宋王朝带来了极大的负面影响。当时他连蒙带骗裹走了海舟共 60 艘、军士 4000 人，这一家伙就把南宋镇守钱塘江口的大部分海军给卷走了。赵构以及当朝宰相非常生气，一怒之下，把沿海制置司撤销了。

这沿海制置司可是中国历史上第一个海军司令部，才刚成立不久。

当时，绍兴二年（1132）五月初二，南宋朝廷据探报，金人屯军海州（今江苏连云港市），有从海道轻舟南来浙江的迹象，于是赶紧命人调派力量控扼长江下游海口一带，直至秀州（即嘉兴府）、明州等要害之地，并要求将整个布防情况绘制成《海道图》上报。七月二十六日，根据吕颐浩建议又设置了沿海制置司，由仇悆等人负责指挥淮东、浙西和浙东、福建诸路的沿海水军。

但现在，因为徐文叛逃事件而把沿海制置司一笔勾销，不但不解决问题，反而招来更大的危机，生成了一个巨大而恐怖的漏洞。

左图：“沿海制置司定海水军弟弌将之印”铜印。
右图：“殿前司平江府许浦驻扎水军弟一将印”铜印。
海盐县博物馆藏

徐文逃到齐国辖地盐城（今属江苏），刘豫如获至宝。徐文来投，不仅削弱了南宋的海军力量，更重要的是，他顺走了那份价值连城的《海道图》，而将南宋东南海防的虚实和盘托出。

徐文对刘豫说，南宋江海军备的现状是：沿海无备，两浙可袭取。他透露，赵宋皇帝如今就在临安，候潮门外钱塘江内现有兵船全部加起来大概有两百艘。赵构当初东走明州入海逃命时，就是在候潮门附近上的船，过了钱塘江后，船又另行内河往越州（今浙江绍兴），然后水路一直到明州，在定海口换乘海舟下海，驶往昌国县（今浙江定海）。昌国县在海中，乃是宋人聚船积粮的要紧之处。

对此，徐文向刘豫提出了一个作战方案：派遣一支海上舟师先往昌国县，攻取那里的船粮后，再进袭明州城，只要能够夺取赵构泊在那里的御船，断了他海上逃路，那就是胜利；然后舟师再溯江直抵临安的钱塘江渡口，攻取皇城大内。徐文对这场偷袭战役的时间估算是：大军从密州（今山东胶州市）上船，如果顺风顺水，顶多在第五天夜里就可以抵达昌国县；而如果风势稍慢，十天或半月也一定可达目的地。

刘豫兴奋得要命，自己的大齐军队这几年跟着金兵东征西讨，仗也没少打，但是惭愧啊，拿得出手的战功一件都数不出来。这徐文一来真让人开窍了，哪天俺就顺着这法子，悄悄先断了赵构小子的后路，再神不知鬼不觉地在杭州候潮门外偷偷登陆，然后猛然杀进他的宫殿……呵呵！当年你们金兵不是在扬州搞了一出“斩首行动”吗，但还是让赵构给跑了，很失败！这次我刘豫的新“斩首行动”，可是手到擒来的“绝杀”哦！

按照徐文的建议，刘豫将水军出海偷袭临安作为他对南宋整个攻略的一个重要方向加以实际操作，给徐文增派了 20 艘海舰。随后，他向金朝元帅府投书，详细报告了徐文透露的宋军情报以及偷袭临安的方案，希望和金兵好好干它一票。

然而，出乎意料的是，元帅府对徐文偷袭临安的这套想法毫无兴趣，连信都懒得回。估计也是金人对刘豫军队的战斗力实在缺乏信心，大金勇士跟你刘豫这帮窝囊废，加上南宋逃过来的那些虾兵蟹将，这么三拨人合伙上船出海去搞"斩首行动"，靠谱吗？万一再碰上一个类似前几年在镇江黄天荡死活不让道的韩世忠，咱们不就只有跳海喂鱼一条道了吗？刘豫被金人泼了一头冷水。

这边南宋朝廷可能也马上意识到徐文北逃的后患。刘豫盯上海道，那京城的"东大门"钱塘江出海口，瞬间变得极为重要，必须得有人看好守好。现在撤了沿海制置司，不就等于自废武功吗？太危险了！于是刚刚撤销了三个月的这个海军衙门，在九月份又重新"开张"了。

再说刘豫那儿，自从来了徐文，洞悉了南宋沿海军备现状，便一门心思想要对南宋朝廷来一次"出其不意"。第二年七八月间，刘豫打算自己单干，强夺民船五百艘凑成了一支前军，交给徐文指挥，准备从海路奇袭定海，金人那边就说是为了配合地面作战而采取的"副攻"行动。

刘豫的这次谋划虽然一度让宋朝感到震恐，但最后还是没有结果。估计徐文有意见，有了五百艘民船就敢称是"海军"啦？还居然要担当"前锋"角色，真是无知者无畏！舢板就是舢板，拿它放海里跟宋军的海舟死磕，那是自己找死，不要太业余哦！到了绍兴五年（1135），刘豫还不消停，这次绕过了元帅府，直接向金朝熙宗皇帝奉献了《海道图》，以及打造战船的模型。可是熙宗也不睬他。金人不支持，战船没钱造，一张绝密级的《海道图》就跟废纸没啥两样。

虽然金人此时对由海道出奇制胜的谋划并不认同，但刘豫端出的这副虎视眈眈的架势已经足以让宋朝感到恐怖了。于是，为确保临安城万无一失，宋朝除了在明州恢复指挥海上水军的沿海制置司，负责钱塘江出海口的整体安全之外，在平江府境内长江出海口南岸、韩世忠曾经泊船过的许浦[1]，也部署了一支水军，归皇帝跟前的禁军衙门殿前司直接指挥，负责长江出海口地区的防务。另外，在钱塘江内的嘉兴府澉浦和金山[2]等几个要冲之地，都部署了水军，也归殿前司指挥。

这样等于是在长江口、钱塘江口和嘉兴府的江面上，布设了三道以上的水上防线，你刘豫再想玩阴的搞偷袭，就基本没那可能了。

《咸淳临安志》中还有一幅《浙江图》[3]，详细标明了临安城东南沿钱塘江边驻守的各军番号，也像《西湖图》的“驻军布防图”一样。

总体看，钱塘江边布防了步兵、骑兵和水军，诸兵种一应俱全，穿插配置，交错布设，其中固定防区的营寨与机动兵力混合配置，还有各种教场、军衙、草场、军器所等军事设施和场所，防御上具有很强的系统性、层次性和完整性。

我们再来细看一下：

候潮门外到保安门外之间，在城东运河的西侧，部

①许浦即今江苏常熟东北浒浦。
②澉浦即今浙江海盐澉浦；金山原在澉浦东北杭州湾北岸，南宋时曾沦入海中成一小岛，今已不存。
③浙江是古代钱塘江的名称。

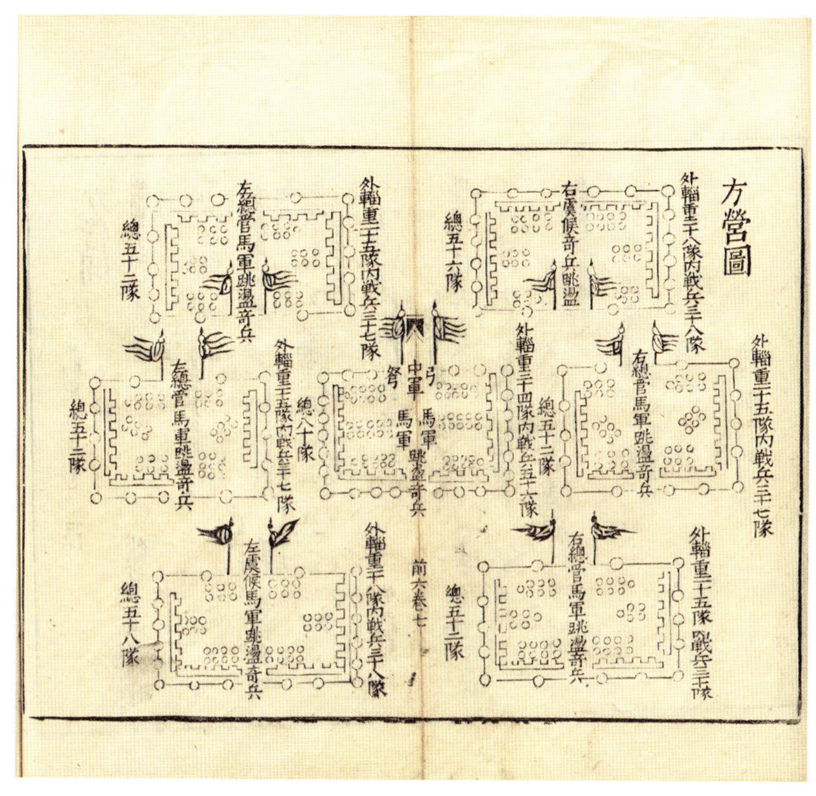

北宋曾公亮《武经总要》中的步骑兵混合“方营图”。
明万历刻本

署了一个护圣步寨，这是专门护卫皇帝的禁军步军营寨。

比较突出的是运河与钱塘江之间的护圣教场。这是一个修筑护墙的大型练兵场，呈方形，里面左侧一圆形图标当为阅兵的将坛。教场左侧部署的护圣步寨，从第一将到第八将，番号一个不缺，应该是一支整编满员的禁军。

在护圣步寨的左侧和下方，配置的是骑兵护圣马寨。这应该是殿前马军司的骑兵，在禁军中最为精锐。

注意！护圣马寨左侧紧挨着的是一个水军大寨。这

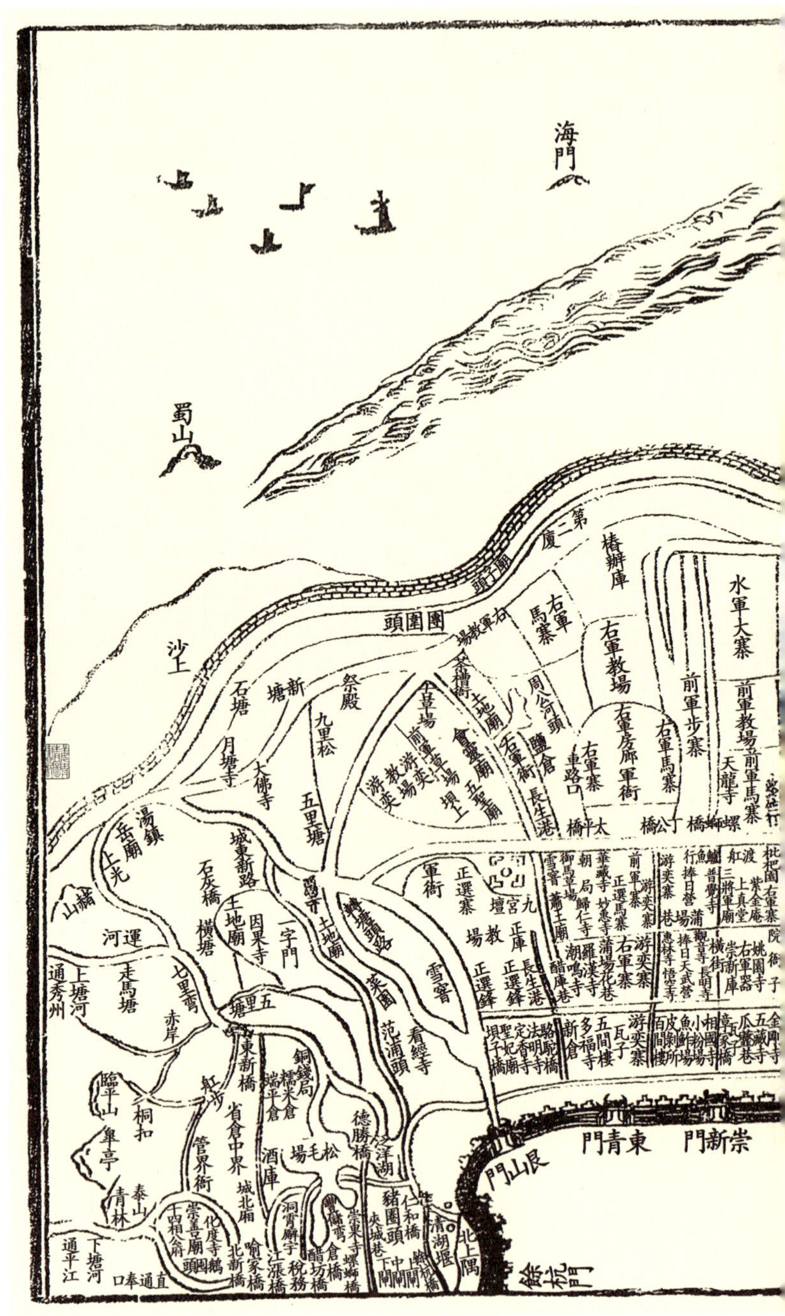

南宋潜说友《咸淳临安志·浙江图》

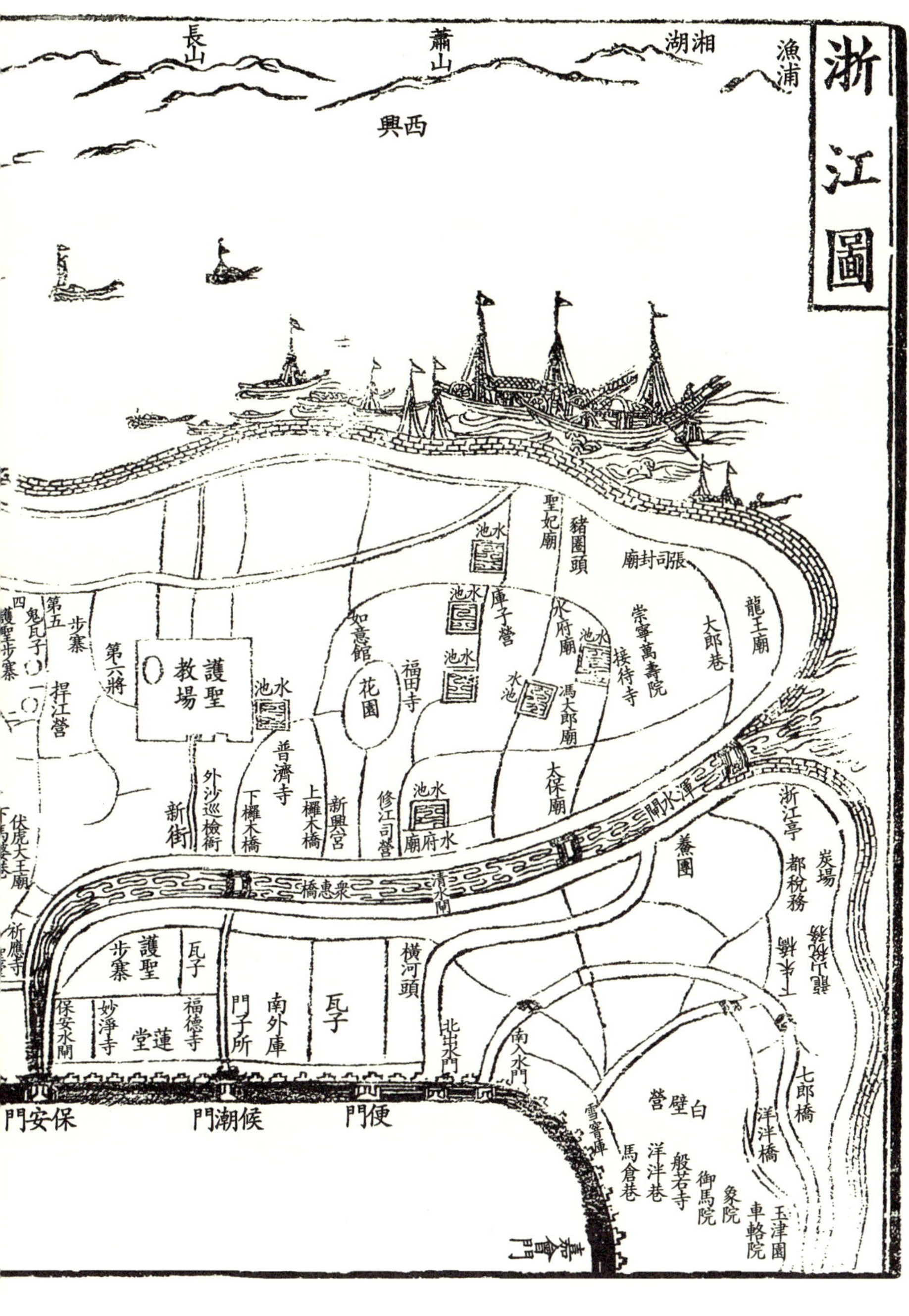
浙江圖
漁浦
湘湖
蕭山
長山
西興
聖妃廟
豬圈頭
張司封廟
龍王廟
大郎巷
崇寧萬壽院
接待寺
水府廟
馮大郎廟
庫子營
如意館
花園
福田寺
護聖教場
第六將
第五步寨
捍江營
普濟寺
外沙巡檢衙
新街
下櫂木橋
上櫂木橋
新興宮
修江司營
水府廟
太保廟
渾水閘
浙江亭
炭場
都稅務
衆惠橋
清水閘
護聖步寨
瓦子
橫河頭
保安水閘
妙淨寺
蓮堂
福德寺
門子所
南外庫
瓦子
北出水門
南入水門
白壁營
七郎橋
洋泮橋
雪醅庫
馬倉巷
洋泮巷
般若寺
御馬院
象院
車輅院
玉津園
嘉會門
保安門
候潮門
便門
伏虎大王廟

个营寨依托钱塘江海塘构建，一旦江上有事，可以迅速做出反应。此外，在《咸淳临安志》的四幅京城地图共 1582 个地名中，这是唯一被称作“大寨”的地名，可见这支水军不但整编满员，人数还不少。它称得上是临安城江防上的一支重兵。

而在水军大寨的左右一带，又有扎堆的一批驻军番号，有广勇营、前军马寨、前军步寨、右军马寨、右军寨等。其中这支右军居然拥有两个教场和两个军衙，可见是兵多将广，步骑兼有。

靠近城墙根，在新开门外到艮山门外之间，驻守的是右军寨、捧日营、天武营、前军寨、正选锋马寨、正选寨等番号的禁军，也是重兵防守。

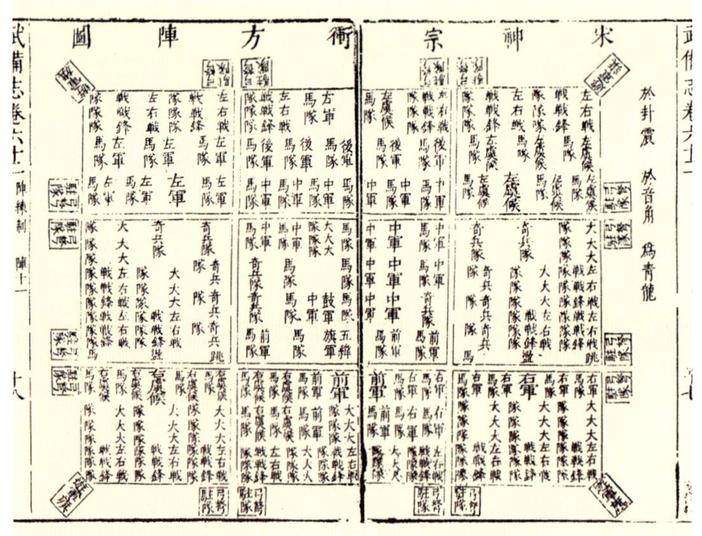

明人茅元仪《武备志》中的宋神宗时期创设的宋军骑兵战阵“冲方阵”，留意战阵四周有掩护与保护大军的游奕军和弓弩兵。这当是教场骑兵演练的基本科目。明天启刻本

而且，还应注意到这里面有一支特殊的军种，那就是游奕军，包括江边前军草场左侧的营寨，共有五处之多，而且也有自己专用的教场。游奕军属于机动部队，担负着巡逻、侦察、应援和掩护等职责。它在这一地区的多处布设，足见临安城在钱塘江边的防御系统，周密而完备，是经过精心设计的。

御街“东三班”，彰显宋人“硬核”品格

杭州周边并无高山大川可以凭险固守，所以它从来不是传统意义上的险要之地，与龙盘虎踞的雄壮气象丝毫不搭。那么，南宋立国 153 年、建都杭州 138 年，除了以屯集重兵的传统方式来保障京城安全之外，还会以什么方式永固江山？

山河形胜，贵在人心；形胜之地，匪亲勿居。古人的这两句话其实就一个意思，说你这地方山川形势再雄伟险固，也不如人心所向。也是应了这样的古话，赵宋王朝正是瞄准了“忠义气节”的内核，作为大宋山河长治久安的一种打开方式。

临安城里小小的一个“东三班”的故事，也许就能窥一斑而知全豹。

那是在绍兴三十二年（1162）六月，赵构“内退”去做太上皇，接替的赵昚在即位后的第二月，就做了一件很有影响力的事：为抗金英雄岳飞平反昭雪。这件事惊动天下，众口交赞。

然而，赵构多年的近臣杨存中，却感到情况非常不妙。

岳飞平反与杨存中有啥关系？太有关系了！绍兴十一年岁末除夕夜（1142 年 1 月 27 日），赵构和秦桧杀岳飞、岳云和张宪，杨存中就是刑场上的那个监斩官。

所以，岳飞平反这件举国点赞的好事对杨存中来说，别有一番滋味在心头。现在想想 20 年前自己喝令拉开的那个血腥恐怖场面，他的脊梁都冒汗了。

杨存中也算是南宋中兴名将，但是论打仗的能力，和岳飞相比可差多了。不过，他有他的“亮点”：赵构当年一路南逃，杨存中一路紧随其左右，常常不顾奔波疲劳，在他帐前站岗放哨，很让赵构感动。定都杭州后，赵构鉴于杨存中死心塌地跟自己混，就让他掌管皇城大内的禁卫军，而且一干便是 25 年。这样超级受宠的牛人在宋朝很难找出第二个来。

杨存中明白，在官家眼里，他是以忠孝著称的。他本名杨沂中（字正甫），存中这个名字就是赵构恩赐的。宋金议和天下太平时，他向赵构打报告，说自己祖父和父亲，当年都是在抗金一线阵亡的，恳请能为他们树碑立传。赵构大笔一挥，他祖父杨宗闵谥号忠介，父亲杨震谥号忠毅，还分别赐建祠庙叫显忠、报忠，非常隆重。

但是，他也明白，自己在百姓中的口碑却不咋样。本来自己长得一脸硬朗阳刚的大胡子，就因为和宰相秦桧走得近了一些，又奉御旨做了一回杀岳飞等人的监斩官，就被坊间视为善于逢迎而毫无丈夫气概的小人，恶毒地骂作“髯阉”（长胡子宦官）。这简直就是人身攻击，与诅咒断子绝孙没啥两样。

杨存中觉得很冤，他杨家祖孙三代为大宋出生入死，其功绩堪比北宋初年的杨家将，但老百姓却并不待见。

几位长辈的谥号、祠堂尽管全被官家贴上了“忠”字标签，但也未成天下景仰的榜样，影响面一般般，新皇帝兴许都不知道。

正当杨存中感到无助时，御街旁的吴山保民坊一带，突然发生了一起火灾。临安城内房舍多以木结构为主，是以屡见“火烧连营”的惨象。但吴山发生的这次火灾却非常幸运，眼看浓烟滚滚将不可收拾，却又很快被附近的军民扑灭了。在一片庆幸声中，杨存中忽然发现自己也太幸运了，因为这场大火对他来说，来得真是时候！

第二天，杨存中上奏赵昚，称这次吴山保民坊火灾，有人在滚滚浓烟中分明看到了两面旗幡，一面写着一个“乔”字，另一面写着一个“陆”字。他说，这次之所以幸免于大灾，应该是因为有这乔、陆两位“神灵”在暗中保佑。

赵昚听了免不了要问，这乔、陆两位究竟是何方神仙？于是乎，杨存中开始上课，讲了一则故事：

话说太祖赵匡胤在开封北郊陈桥驿“兵变”，那天，他最迫切要做的事就是回师京城，占领皇宫，以掌控天下局势。当赵匡胤率兵抵达开封北门宣祐门时，城门紧闭，守城禁军严阵以待。攻城在当时绝对是下下策，但如何才能迅速进城？宣祐门进不去，赵匡胤只好移师去其他城门碰碰运气。也该是宋朝上台的时候了，赵匡胤的运气超好，第二个城门的守城禁军见是赵匡胤要进城，赶忙开门相迎。于是，赵匡胤顺利占据宫城，正式登基称帝。

想想宣祐门外惊险的一幕，赵匡胤觉得要追根究底。他问左右：“刚才咱们进城的那个城门，守城的人是谁？”左右说：“那是禁军中的‘散直班’。”赵匡胤想也没想就说：“这个‘散直班’降级一等吧。”又问：“守宣祐门的是谁？”“是‘东三班’。”赵匡胤当即下令：“就它了！朕以后外出就由‘东三班’在前开道。”赵匡胤很有想法，朝三暮四的人不靠谱，而这个“东三班”对故主可谓赤胆忠心，绝对忠诚，那我的禁军第一面旗帜就是它了。

但是，令赵匡胤绝没想到的是，他给予了“东三班”莫大的荣誉，而“东三班”却再次毫不犹豫拒绝了。左右来报，“东三班”无视新令，全体军兵决定引义自杀。赵匡胤真的吓了一跳，他跳起身来往外跑，想亲自前往营救。他担心自己走得太慢来不及，又急令大将党彦进率数十人急速赶往相救。但还是迟了一步，党彦进等人赶到“东三班”驻地时，但见尸横遍地，就剩下为首的两名“班长”没死：一个叫乔亢，字伯仁；另一个叫陆轨，字仲模。

看到眼前这一幕惨象，赵匡胤极为震惊，脱口相诘：“这是为了何故，至于这样吗？”乔、陆二人回道：“我们只事一主，就别拦我们去死了。”赵匡胤再三劝阻，一再夸赞“东三班”都是忠义之士，而且答应永不废止这一番号，另赐“长入祗候”爵号，皇帝御驾出行，“东三班”为队伍前导。赵匡胤甚至还与乔、陆两人谈论到“东三班”军兵以后的帽饰细节，答应他们的帽子仍旧穿用原先的青、红二色彩帛。最后还承诺，班内军兵服役满三年，即授予“保义郎”官衔。

然而，赵匡胤的所有努力都白费了，这两名“班长”毅然自尽而亡。

赵匡胤感慨万千，对全班死者厚加赠恤，并信守诺言，不但不废其番号，还在“东三班”的京城驻地另建祠庙，

今中山南路城隍牌楼巷口，从东向西看，吴山近在咫尺。

不绝祭祀。赵匡胤以这样的举止为天下树立了一个信奉“忠义气节”的典型，从此，“东三班”像一块“金字招牌”，一直亮在京城的繁华地带，忠义气节也逐渐成为宋人推导和尊崇的一个“硬核”品格。

新的“东三班”从此效忠赵宋王朝。靖康之变东京保卫战中英勇抵抗的战士中就有“长入祇候”。东京被金军攻陷，不少“长入祇候”在万胜门突出重围，辗转追寻康王赵构。钦宗皇帝被金军扣押时，他身边也有形影不离的“长入祇候”。高宗躲避金军追击南逃时，一些“长入祇候”鞍前马后一路护驾。到南宋定都临安，“东三班”也相随来到了杭州。

吴山火灾中突然“亮相”的乔、陆旗幡，现在看来显然是编造的，但长期统领大内禁军的杨存中对“东三班”这段掌故却是了如指掌的。所以根本不需要事先“备课”，他就把赵昚说感动了。于是，就按照杨存中的建言，在吴山保民坊“东三班”驻地赐建一座“昭节庙”，以弘扬“东三班”的忠义气节。

“东三班”再次成为御街上的一个亮点。杨存中也终于安心了，有他提案树立的“东三班”这块招牌在那里，官家该不会为了岳飞对他秋后算账吧。

“东三班”位于今天中山南路鼓楼之南的“城隍牌楼巷”，南宋时叫“保民坊庙巷”。对照今天的地图来看，

厓山之战陆秀夫背负小皇帝慷慨赴死。清丁善长绘《历代画像传》，清刻本

"东三班"驻地一带有个地名元宝心，有意思的是这个地方真的在一个"元宝"的"心尖"上：鼓楼以西的吴山山势向西南逶迤环抱，到紫阳山回转向东南延伸到太庙附近，这条弧形山势与南北直线的御街，天然构成一个"元宝"形状，而元宝心恰好在弧底正中心的"心尖"上，是这只"元宝"的"核心"所在。"核心"是浓缩的精华，物理存在很小，但不可小觑。今天元宝心在这条直街上的门牌号码也就二十几号，极短的一段路，但和城隍牌楼巷连成一线，却是近代之前人们上吴山的"正道"，清代康熙皇帝当年上吴山看风景，就是走的这条道。

"东三班"的北宋"旧事"在南宋被再次宣扬，其背后有一个很大且诡谲的"阴影"，但它在当时给人带来的一种"硬核"品格，却真真实实让大宋军民不断对"忠义气节"加深印象，并内化于心，外化于行。

后人曾百思不得其解，一向被人以为软弱不堪的宋朝后来为什么会成为一个特别顽强的王朝？数数指头，两宋横跨 320 年，居然是中国历史上秦汉以来国祚最长的一个王朝。[①]强大的蒙古灭西夏的战争花了 10 年时间，灭金国花了 20 年时间，但征服一个号称"积弱"的南宋，为什么却要耗时近半个世纪？其间还搭上了大汗蒙哥的一条命。即使在 1276 年宋王室投降元军，京城临安被占领，宋朝军民依然节节抵抗，一直到 1279 年厓山之战宋军战败，丞相陆秀夫背负小皇帝赵昺跳海殉国，竟有十万军民也跟着跳海赴死。这是一种怎样的精神在支撑着他们？

我们再看《宋史》，在正史中第一次开设了"忠义传"，以 10 卷的篇幅留下了两宋之交和宋末忠义人士一共 289 人的传记。但这只是整个宋朝忠义群体中很小的一部分。厓山之战殉国的十万军民，他们就没有留下如何坚守底

①两汉历时 407 年，但史学界有观点认为，东汉刘秀即位非嫡系正统，故而以两宋享国时间最长。

线到最后时刻的英勇故事。

屡遭强敌侵凌的两宋王朝为何能够赓续 320 年？解开这一答案的“密钥”或许就在这“东三班”的故事中。

『由里斯本向西直行，可抵京师地（Quinsay，即杭州南宋时的称谓「行在」），城市美丽，人烟稠密……京师之义，犹云天城（City of Heaven）也。』——《中西交通史料汇编》第一册第六章《保罗致哥伦布书》

『极名贵的行在城，法兰西语犹言「天城」，灿烂华丽，为世界上最富丽名贵之城。而且城内处处景色秀丽，让人疑为人间天堂。』——《马可·波罗游记》卷一二

第十章

哥伦布『迟到』两个世纪的『Quinsay之旅』

佛罗伦萨来信令热那亚人备受刺激

葡萄牙首府里斯本。这是在公元 1482 年（明宪宗成化十八年），此时距南宋 1279 年灭亡已过后两百多年。

31 岁的克里斯托弗·哥伦布（Cristoforo Colombo）终于收到了一封他翘首以盼的书信。来信寄于佛罗伦萨，寄信人是大名鼎鼎的医学家、哲学家和天文地理学家保罗·托斯卡内里（Paolo Toscanelli）。哥伦布拆开信急切地读了起来。

保罗的信很长，哥伦布一页一页地阅读，笑意也在他脸上逐渐漾开了——保罗告诉他，横渡大西洋到达东方的“香料之国”确实存在一条最短的航线。保罗还说，从里斯本向西一直前行，可以到达一个叫作“Quinsay”的东方名城，欧洲人把它叫作“天城”。令哥伦布喜出望外的还有，保罗在信中还附了一张向西航行去东方的海图。

去年，也就是 1481 年，葡萄牙国王阿方索五世（Alphonse Ⅴ）去世，其儿子若昂二世（Joan Ⅱ）即位。若昂二世向来对远航非洲和天文地理知识甚感兴趣，登基后立即接手他叔祖父“航海家亨利”（1394—1460）

的航海探险事业。

若昂二世的航海愿望基于当时的一个现实情况，即奥斯曼帝国在 1453 年攻占了欧亚交通要冲之地君士坦丁堡，并迁都于此，控制了欧洲人从地中海前往中亚的海上交通。因而，欧洲人从那时起的航海活动重点不再是转口贸易，而是如何沿着非洲大陆西海岸航海，以到达盛产香料以及黄金、宝石等财物的东方。葡萄牙人早在 15 世纪初的非洲西岸探险中发现，原先他们以为一直向东延伸的非洲海岸，在几内亚湾深处，突然转弯向南。他们心生退怯，因为不知道这片海岸向南会延伸到何处。

所以，有心在航海中大展宏图的若昂二世，此时亟需有一个比较靠谱的观点和理念，来指导他的探险船队究竟何去何从。他召集了一个数学家委员会会议（Junta dos matematicos），期待通过权威人士的深入研究，来解开诸多航海疑惑。他们共同研讨的一个问题，就是通过对古希腊亚里士多德到后来的阿拉伯学者、托勒密（Ptolemy，约 90—168）以及萨克洛包各（Sacrobosco，1190—1250）等人的天文地理观点的讨论，来回答一个欧洲人迫切想要了解的现实问题：大西洋会不会是一个“窄海”？

解开这个问题答案的意义在于，欧洲人要去东方亚洲，除了沿非洲西岸向南探寻一条最终向东去的新航线之外，是否还存在一条向西穿越大西洋，最终也能抵达东方的航线。因为在当时，人们已经认识到地球是圆形的，向西行到达东方，这在“地圆说”理论上是可行的。

保罗·托斯卡内里就是“地圆说”信奉者。保罗的学问在当时闻名遐迩，所以有很多人千里驰书与他讨论各种学术问题。保罗在 1474 年 6 月 24 日，曾给在里斯本的葡萄牙议事司铎[①]费尔南·马丁（Fernan Martins）写过一封信，信中讨论了从大西洋一直向西到达印度（当时欧洲人将亚洲称作印度）的可能性。保罗当时还寄上了一份他现在给哥伦布一样的航海地图，托神父转交给葡萄牙国王。

若昂二世召开的数学家委员会会议引起了很大反响，正在里斯本的哥伦布也热衷于讨论、专研他们争议的观点。

哥伦布是热那亚人，1476 年来到葡萄牙首府里斯本时，他是一名领航员。此前，他长期在海上生活，远航过爱尔兰、冰岛和亚速尔群岛，也当过海盗，有着丰富的航海经验。1477 年秋天，这位曾经的热那亚“羊毛商”定居于里斯本。

通过数学家委员会的这场讨论研究，哥伦布很快意识到，向西航行能够到达亚洲的观点，更能让人信服。这让他大为兴奋。

就在这次大讨论之前，哥伦布刚沿着非洲西海岸去了几内亚的黄金要塞，那是葡萄牙人在当时寻求贸易的最远极限。凭着多年来的航海经验，哥伦布阅读了一切有关海洋秘密的天文和地理文献，验证了当时宇宙学和地理学观点中一切他所能证实的东西，又根据 15 世纪一些流传较广的轶事和传说，对向西航行去东方这条可能存在的航线进行了反复计算。

他得出的结论是，如果从非洲西北海域的加那利群岛（Canary Islands）出发，向西航行 4500—5000 公里，就可以到达日本。后来 18 世纪法国著名的地理学家让·巴吉斯塔·安维里（Jean Badgista Anviri）对哥伦布的这

①司铎，天主教神父的正式品位职称，掌管文教。

一测算有过这样的评价："一个极大的错误，导致了一次极其重大的发现。"

哥伦布起初对自己的计算是心有疑虑的，于是他想到了自己的意大利同胞、那位著名的佛罗伦萨大学者保罗·托斯卡内里，写信向他讨教。

保罗在回信中告诉哥伦布，早些时候有人受葡萄牙国王委托，也来信向他询问过向西航海的事情，如今您问的问题跟此人问的事情基本相同，所以干脆就抄录了那封信给您。

这份"抄件"说到，横渡大西洋到达东方的香料之国，确实存在着一条捷径，比葡萄牙人现在沿着非洲海岸航行要找的那条航线近得多。"抄件"写道，我亲自绘制的这份地图上，已标明了我们可作启航点的海岸和岛屿。你们应当不停地向西航行，遇到风暴时可在沿途一些岛屿避风，这我也做了标识。这些岛屿通常会有很多商人在此停船，他们往来贩运的货物非常巨大。

这时候，"抄件"提到了一个东方著名海港"刺桐"（Zaiton），认为集合全世界商人的货物，恐怕都不及在这个巨港中所交易的货物多，那里每年光贩运胡椒的巨船就达上百艘，运载其他香料的商船还没计算在内。而"刺桐"所在的那个国家人口殷庶，富厚无比，各大城邑不计其数，都由一个大汗（Great Kan）统治。早在两百多年前，这个国家的祖先就打算和我们建立双边关系。那时据说，他们沿河而建的城市就有两百多处，各城市中都有大理石修建的桥梁，桥头都饰以石柱。这个国家不仅到处都是的金银、珍珠、宝石、香料可以让人发家致富，而且他们统治国家的才能、赢得战争的巧慧，也都值得我们去学习。

保罗在“抄件”之后，又给哥伦布附上了一段话：

> 由里斯本向西直行，可抵京师地[1]，城市美丽，人烟稠密…… 京师之义，犹云天城（City of Heaven）也。前人至其地者，述各种奇事、巧匠，富厚甲天下。由里斯本至京师间，道里几占全球三分之一。京师城在蛮子省（Mangi），然距契丹省不远。王居即在契丹也。安梯利亚岛（Antilia）足下业已知之，由该岛至日本国（Cippangue）共有十方格之程。日本岛产黄金、珍珠、宝石极富。其地庙宇宫殿，皆以金砖金块建成，计至其地，所应航行之道里，并不多也。

保罗信中提到了两个让哥伦布十分惊讶的城市，一个是刺桐，这是中国福建泉州的别称，当时的贸易吞吐量着实令西方人叹为观止。另一个城市就是京师，被称作 Quinsay，是南宋“行在”的音译，就是杭州。这是一个高度文明、拥有“天城”美誉的中国名城，不但城市美丽、人烟稠密、富厚甲天下，关键是从里斯本向西出发，还可以直达其地。另外还有一个令人瞪大眼睛的是岛国日本，相距里斯本的路途并不遥远，而且这简直就是一个传说和梦想中的“金银岛”。

保罗附在信中的那张海图，有人称后来哥伦布横渡大西洋探险时，就带在身边。美国约翰·卡特·布朗图书馆藏有一幅 16 世纪早期德国学者和制图师马丁·瓦尔德泽米勒（1470—1520）的木刻地图，大小尺寸为 43.9 厘米 ×57.3 厘米，绘制于 1507—1513 年期间的某个时间，是目前已知这幅世界地图唯一现存的孤本。

①中译本原注：Quinsay，应是杭州在南宋时的称谓“行在”。

《海军上将地图》。地图右端标示了 Quinsay，以及 Cathaya（契丹）、Magi（蛮子国）、India Seperior（上印度，泛称远东大陆）等地名。美国布朗图书馆藏

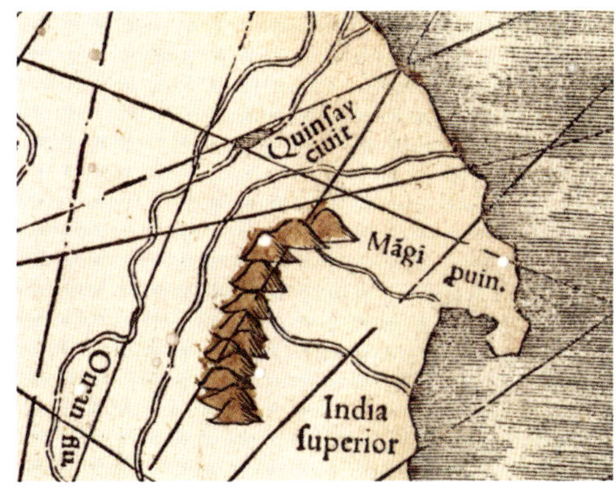

《海军上将地图》
局部

这幅地图一般被称为“海军上将地图”，因为该地图曾被认为是哥伦布的作品，而哥伦布远航之前被西班牙王室封为“海军上将”。在这幅拉丁文的地图右端标示了Quinsay，而在其上下方位还标示了Cathaya（契丹，泛指中国北方）、Tangut（唐古特，指中国西部青藏地区）、Magi（蛮子国，指南宋，即中国南方）、India Superior（上印度，泛称远东大陆）等地名。

“海军上将地图”是哥伦布于1506年5月去世后很快就问世的一幅欧洲人描绘全世界的地图，虽然它对准确认识世界还有很大的差距，但它对之后很多中世纪的西方地图都有很大影响。而对当时的西方航海家来说，这其中明确标示的Quinsay既是他们憧憬的中国最美丽华贵的城市，也是撬动哥伦布立志探险新大陆的一个重要“支点”。

事实上，保罗介绍中描述Quinsay等地的内容，包括“海军上将地图”标示的中国地名，基本都来自威尼斯商人马可·波罗（Marco Polo）的记述。

马可·波罗在中国旅行是1275年至1291年期间的事，那时的中国统治者是元朝忽必烈。而两百多年过去了，保罗囿于那时东西方之间信息传播的阻隔和不对称，照搬马可·波罗的书本介绍，与现实还是有很大差别的。

刺桐是泉州没问题，但在元末泉州港开始衰落，明代初年实行海禁以后，这个曾经盛极一时的海上丝绸之路重镇已经结束了它的辉煌历史。Quinsay指杭州也没有问题，但这个名字其实是南宋时的杭州称谓，即“行在”。而南宋早已在1279年退出历史舞台了，即使按照马可·波罗在元代初年的记述，把杭州仍旧称作“行在”，但现在都已是15世纪后半叶了，时间整整过去了两个世纪，中国的历史从元朝翻篇到明朝也很久了。而把日本说成遍地黄金的“金银岛”，跟事实真有天壤之别，可谓谬误至极。

然而，这都不要紧，事实上，正是这些偏差，极大地刺激了哥伦布探险新航线的愿望。他选择了投身于开辟东方新航路的探险事业，世界史由此开启了一个新的时代——大航海时代。

哥伦布看到了一座最富丽名贵的"天城"

葡萄牙是一个具有悠久航海传统的国家。在今天的里斯本贝伦文化中心南侧特茹河畔，矗立着一座高大挺拔的"航海纪念碑"（Padrão dos Descobrimentos）。航海时代的里斯本是葡萄牙人远航探险非洲的中心，也是著名探险家征服世界的大本营。

在纪念碑上的人物群雕中，船首位置上的那位手捧帆船模型、远眺前方大海的站立者，就是航海家亨利王子，他是葡萄牙第一次航海的赞助者，对葡萄牙人来说具有开天辟地的功绩。数十位群雕人物中还有葡萄牙国王阿方索五世，历史上第一个绕过非洲好望角到达印度的探险家达·伽马（Vasco da Gama），最早到达巴西的欧洲人佩德罗·阿尔瓦雷斯·卡布拉尔（Pedro Alvares Cabral），在1520—1521年穿越太平洋的费迪南德·麦哲伦（Ferdinand Magellan），他们都是大航海时代葡萄牙航海家和对航海业有巨大贡献的历史功臣，是葡萄牙"大佬"级的历史人物。

然而，在外人或东方人眼里，这里面似乎少了一个人。谁啊？哥伦布！

哥伦布不是葡萄牙人，但却是葡萄牙人错过的最具历史意义的航海家。

在里斯本和保罗数次书信往来后，哥伦布开始了他新的航海事业。1483 年，他将自己精心策划设计的向西远航探险计划，呈献给葡萄牙国王若昂二世。可是，出乎意料的是，若昂二世最终拒绝了他的计划。

若昂二世对于哥伦布探险计划中提出的各种条件和要求深感头痛，比如要求任命哥伦布为那些正待探寻的岛屿和陆地的海军上将，有权给那些地方委派总督，要求允许他对那些领地所产生的全部商品和财富征收什一税，还要求在所有租船的收益中他都有一份子，还有授予贵族爵位并世袭相传的要求。

尽管人们已经逐渐认为“新大陆”的提法是合乎情理的，可是当哥伦布真的要凭借着这张“空头支票”，率领数百人前往征服那个强盛且幅员辽阔的“大可汗”帝国时，他的这种举动和想法，令人觉得出乎意料地狂热和不可思议。哥伦布几次寻求得到若昂二世的支持，但结果都令他非常失望。

1484 年，哥伦布悄无声息地离开里斯本，转投葡萄牙的竞争对手西班牙，寻求那里的国王支持。

两年后，几经努力的哥伦布受到了西班牙国王斐迪南和王后伊莎贝拉召见，他递交了一个大胆的远航探险计划。但是，接着由王后提名的一个委员会经过讨论，也拒绝了他的那一篮子计划，原因当然与哥伦布要价太高有关系。1487 年，西班牙王室再次明确拒绝了这位热那亚人的要求。

里斯本“航海纪念碑”，高大挺拔，如同一艘巨大的帆船矗立在特茹河畔，成为当地的地标性建筑。

哥伦布难以遂愿，又想另投他处，他甚至想到过法国国王和英国国王，并向他们作过一些试探，然而都没有结果。

接连碰壁后，哥伦布越来越感到郁闷。难道是自己的计划方案有严重问题？他一再检讨，发现当初保罗的指点，根本没人有这能耐给予指正或修正。可是没人理睬，再好的计划也是废纸一张。这使得他越来越消沉了。

然而，一个偶然的发现，又使他再度燃起西行的激情。

这天，哥伦布在西班牙塞维利亚（Sevilla）游说和兜售自己的西行计划，在再次受到冷遇后，他意外地遇到了一位“老相识”。谁？就是马可·波罗！

哥伦布在一个贵族家中，看到了一部羊皮书（那时中国早已盛行雕版印刷，但西方仍处于手抄书籍的时代），正是保罗曾提到的那位威尼斯人马可·波罗写的那部奇妙之书《马可·波罗游记》。

哥伦布早期细读过不少书，如法国人皮埃尔·戴利（Pierre Daly）的《幻想世界》，该书按“地圆说”描述了地球的形状，并且断言中国位于加那利群岛以西3000多英里。但包括保罗提到的那个Quinsay，都不如马可·波罗这部书中第一人称的目击式、体验式的描述，让人身临其境。

当哥伦布翻到马可·波罗描述的Quinsay那个章节时，瞳孔都放大了许多。他将这部古法语抄写的书借回家，如饥似渴地细读起来。

科尔丘拉岛，马可·波罗出生于此，那时属于威尼斯公国，今属克罗地亚。

这部大约 1350 年用古法语抄在羊皮纸上的《马可·波罗游记》，是现存该书最古老的手抄本之一，曾为法国藏书家亚历山大·佩托（Alexandre Petau）和瑞典克里斯蒂娜女王（Queen Christina）收藏。瑞典国家图书馆藏

他先是看到了一段熟悉的“评语”，就是马可·波罗抵达行在杭州时，说的他的第一印象：这是一个极名贵的行在城，法兰西语犹言“天城”，灿烂华丽，为世界上最富丽名贵之城。而且城内处处景色秀丽，让人疑为人间天堂。哥伦布恍然大悟，保罗当年在信上说的那段话，原来出自马可·波罗！

马可·波罗眼中的行在杭州，位于一个清澈澄明的淡水湖与一条大河之间，整座城方圆约有 100 英里，城市中主要街道是从城的一端直达另一端的，街的两侧有许多宏大的住宅，并配有花园。它的街道和运河都十分宽阔，所以运载居民必需品的船只与车辆，都能很方便地来往穿梭。所有街道都是用石头和砖块铺成的，又有石砌的排水沟。通往城外其他地方的主要大路，也全都如此。让人感到吃惊的是，行在城内有各种大小桥梁 12000 座。那些桥梁上的桥拱都建得很高，建筑精巧，竖着桅杆的船也可以在桥拱下顺利通过。

哥伦布有些吃惊，他知道威尼斯有座很著名的水城，但显然没有杭州这么广大，河道上更没有那么密布的桥梁。他情不自禁跟着马可·波罗的笔触，“走进”了行在杭州。

那城里，除了各街道上密密麻麻的店铺外，还有 10 个大广场或市场，这些广场每边都长达半英里。这 10 个方形市场都被高楼大厦所环绕。高楼的底层是商店，出售各种货物，香料、药材、小装饰品和珍珠等应有尽有。这些方形市场彼此相距 4 英里。与大街方向平行的大运河近岸处，有许多石头建筑的大货栈，这些货栈是为那些从印度和其他地方来的商人而准备的。从市场角度看，这些广场的位置十分利于交易，每个市场在一星期的三天中，都有四五万人来赶集。每到集市之日，市场中挤满了商人，他们用车船装载各种货物，摆满地面，而所有商品都能够找到买主。拿胡椒为例，就可以推算出行在居民所需的酒、肉、杂货和这一类食品的数量了。马可·波罗从大汗海关的一个官吏处得悉，每日上市的胡椒有 43 担，而每担重 223 磅。

这让他看得食指大动。但接下来的叙述使他都要流口水了：城里用来交易的各种猎物都十分丰富，如小种牝鹿、大赤鹿、黄鹿、野兔，以及鹧鸪、雉、鹌鹑、家禽、阉鸡，而鸭和鹅的数量更是多得不可胜数。城内还有许多屠宰场，宰杀的家畜有牛、小山羊和绵羊等。一年四季，市场上总有各种各样的香料和果子，特别是梨，大得出奇，还有桃子，味道十分可口。这里不产葡萄，不过，有葡萄干从其他地方贩来。酒也有从别处运来的，但本地人习惯饮用自己所酿的酒。城市距海 15 英里，每天都有大批海鱼从河道运到城中。湖中也产大量的淡水鱼，有渔

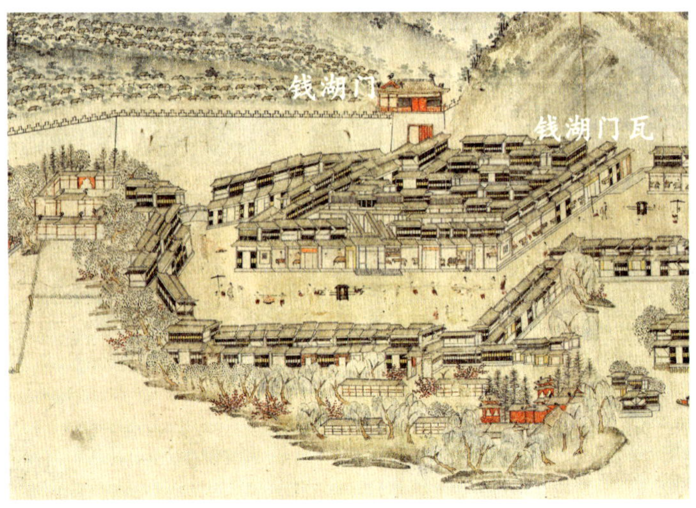

《西湖清趣图》上的南宋临安城“钱湖门”外瓦子（娱乐场所），显现出马可·波罗描述的方形市场的特点。华盛顿弗利尔美术馆藏

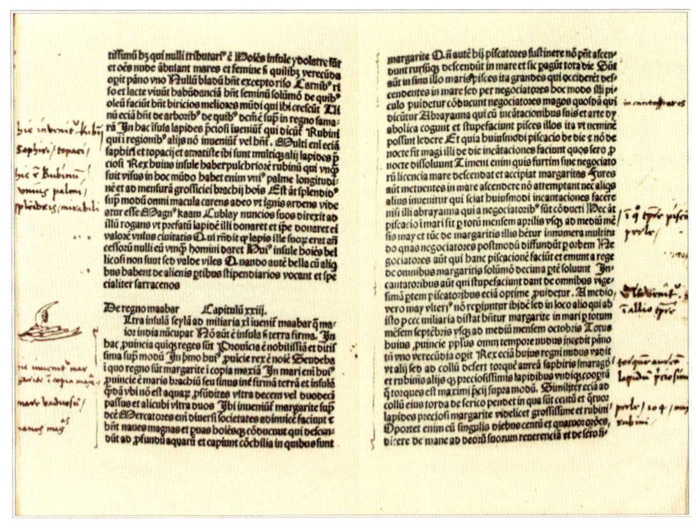
tissimū h₃ quí nulli tributari⁹ ē Moiēs insule ydolatre sūt
et oēs nude ābulant mares et femine ꝗ quilib₃ verecūda
ogit pāno vno Nullū bladū hñt excepto riso Carnib⁹ ri
so et lacte viuūt habūdanciā hñt seminū solūmō de quib⁹
oleū faciūt hñt biricios meliores mūdi qui ibi crescūt Ui
nū eciā hñt de arborib⁹ de quib⁹ dcm̄ ē sup̄ in regno fama
rā In hac isula lapides p̄ciosi iueniūt qui dicūt Rubini
qui i regionib⁹ alijs nō inueniūt vel hñt. Multi eni eciā
saphiri et topacij et amatiste ibi sunt multiq₃ alij lapides p̄
ciosi Rex huius insule habet pulchriorē rubinū qui vnq₃
fuit visus in hoc mūdo habet enim vni⁹ palme longitudi
nē et ad mensurā grossiciei brachij hoīs Est āt splendio⁹
sup̄ modū omni macula carens adeo vt ignis ardens vide
atur esse Magn⁹ kaam Cublay nuncios suos direxit ad
illū rogans vt prefatū lapidē illi donaret et ip̄e donaret ei
valorē vnius ciuitatis Qui rn̄dit q̄ lapis ille suoꝝ erat an
cessorū nulli eū vnq₃ homini daret Hui⁹ insule hoīes bel
licosi non sunt sed valde viles Quando autē bella cū aliq
bus habent de alienis ptibus stipendiarios vocant et spe
cialiter sarracenos

De regno maabar Capitulū xxiij.

Ultra insulā seylā ad miliaria xl iueniť maabar q̄ ma
ior india nūcupat Nō aūt ē insula ꝗ terra firma. In
hac ꝓuincia quinq₃ reges sūt Prouincia ē nobilissiā et ditis
sima sup̄ modū In pmo hui⁹ ꝓuicie rex ē noīe Sendeba
i quo regno sūt margarite i copia maxiā In mari eni hui⁹
ꝓuincie ē maris brachiū seu sinus inť firmā terrā et insulā
q̄dā vbi nō est aquaꝝ ꝓfūdites vltra decem vel duodecī
passus et alicubi vltra duos Ibi inueniūť margarite sup̄
dcē Mercatores eni diuersi societates adinuicē faciunt ⁊
hñt naues magnas et puas hoīesq₃ cōducunt qui descen
dūt ad ꝓfundū aquarū et capiunt cōchilia in quibus sunt

margarite Qn̄ autē hij piscatores sustinere nō pn̄t ascen
dunt rursūq₃ descendūt in mare et sic pagūt tota die Sūt
aūt in sinu illo maris pisces ita grandes qui occiderēt des
cendentes in mare sed per negociatores hoc modo illi pi
culo puidetur cōducunt negociatores magos quosdā qui
dicūtur Abrayanna qui cū incātacionibus suis et arte dy
abolica cogunt et stupefaciunt pisces illos ita vt nemine
possint ledere Et quia huiusmodi piscacio de die ⁊ nō de
nocte fit magi illi de die incātaciones faciunt quos sero p
nocte dissoluunt Timent enim quis furtim sine negociato
rū licencia mare descendat et accipiat margaritas Fures
aūt metuentes in mare ascendere nō attemptant nec aliqs
alius inuenitur qui sciat huiusmodi incantaciones facere
nisi illi abrayanna qui a negociatorib⁹ sūt cōducti Hec āt
piscacio i mari fit p totū mensem aprilis vsq₃ ad mediū mē
sis may et tūc de margaritis illis hētur innumera multitu
do quas negociatores postmodū diffundūt p orbem Ne
gociatores aūt qui hanc piscacionē faciūt et emunt a rege
de omnibus margaritis solūmō decima ptē soluunt In
cantatoribus aūt qui stupefaciunt dant de omnibus vige
simā ptem piscatoribus eciā optime ꝓuidetur. A medio
vero may vlteri⁹ nō reperiuntur ibidē sed in loco alio qui ab
isto p ccc miliaria distat hētur margarite in mari p totum
mēsem septēbris vsq₃ ad mediū mensem octobris Totus
huius ꝓuincie pplus omni tempore nudus incedit pāno
tn̄ vno verecūdia opit Rex eciā huius regni nudus vadit
vt alij sed ad collū defert torquē aureā saphiris smaragdi
et rubinis alijs q₃ preciosissimis lapidibus vndiq₃ coopta
q̄ torques est maximi p̄cij supra modū. Similiter eciā ad
collū eius corda de serico pendet in qua sūt centū et q̄tuor
lapides preciosi margarite videlicet grossissime et rubini
Oportet enim eū singulis diebus centū et quatuor orōes
dicere de mane ad deorū suorum reuerenciā et de sero si

哥伦布在拉丁文《马可·波罗游记》上所作的笔记。手指形状的标记，表明应特别注意。来源：《中华读书报》2017年3月15日第17版

从都城走向天城

HANGZHOU

民终年从事捕鱼工作。鱼的种类随季节的不同而有差异。当你看到运来的鱼，数量如此多，会怀疑它们怎么可能都卖得出去，但在几个小时之内，就已销售一空。因为全城有 160 万户人家，人数实在太多，而那些习惯美食、餐餐鱼肉的人也是不可胜数。

这使得哥伦布无比感慨。行在杭州一城已是百万级的人口概念，而当时热那亚、威尼斯、佛罗伦萨等算是比较有规模的大城市，能有数万人口，已经很了不得了。

而且，这个城市不但人口众多，还特别漂亮。游记中写到，城中有一大湖（即杭州西湖），周围有许多宽敞美丽的住宅，这都是达官贵人的寓所，还有许多庙宇及寺院。靠近湖心处有两个岛，每个岛上都有一座美丽华贵的建筑物，里面分成无数的房间与独立的亭子。当本城的居民举行婚礼或其他豪华的宴会时，就来到这两座岛上。凡他们所需的东西，如器皿、桌巾、台布等这里都已预备齐全。这些东西以及建筑物都是用市民的公共费用备置的。有时，此处可同时开办一百桌婚丧喜庆的宴会，但里面的供应依然井井有条周到齐全，每家都有各自的房间或亭子可以使用，不会相互混杂。

除此之外，湖中还有大量的供游览的游船或画舫，这些船可坐 10 人、15 人或 20 人。画舫中，舒适的桌椅和宴会所必需的各种东西一应俱全。船舱上面铺着一块平板，船夫就站在上面，用长竹竿插入湖底，撑船前进。这些船舱内油彩艳丽，并绘有无数的图案；船的各处也同样饰以图画，船身两侧都有圆形窗户，可随意开关，使游客坐在桌前，便能饱览全湖的风光。这样在水上的乐趣，的确胜过陆地上的任何游乐。因为，一方面，整个湖面宽广明秀，站在离岸不远的船上，不仅可以观赏全城的宏伟壮丽，还可以看到各处的宫殿、庙宇、寺观、花园，以及长在水边的参天大树，另一方面又可以欣赏到各种画舫，它们载着行乐的爱侣，往来不绝，风光旖旎。

行在城内居民的住宅雕梁画柱，建筑华丽。由于居民喜好这种装饰，所以花在绘画和雕刻上的钱数十分可观。同时因为本地出产大宗的绸缎，加上商人从外省运来绸缎，所以居民平日也穿着绸缎衣服。

哥伦布越看越着迷，当他看到过去行在杭州的皇帝宫殿这段内容时，时而惊呼连连，时而又掩卷叹息。

马可·波罗说，整个皇宫分成三个部分，中央有一座高大的宫门以供进出，门的两边，在平地上各有一个宏伟的大殿，大殿的屋顶由几排石柱支撑着，而这些圆柱是用美丽的天蓝色和金黄色装饰的。面对大门，离皇宫稍远的地方也有一个大殿，比那两座更加恢宏，其屋顶装饰得也更富丽，石柱是镀金的，里面的墙饰有表现前代各位君主功绩的历史图画，精美绝伦。

马可·波罗还说，皇帝每年在这个大殿召开朝会，大殿中可以容纳上万人同时就餐。这种宴会往往要持续10到20天。席间绸缎、黄金和宝石所表现的富丽堂皇，超出了众人的想象，因为每个宾客都竭尽所能来表现他们的豪华奢侈，在服装上也力求华丽。

大殿与内宫仅一墙之隔，向后走经过一个大院子，可达皇帝及皇后所住的各种房间。由大院还可以经过一个6步宽有屋顶的走廊，到达一个湖边。大院的每一边有10个入口可直接到达10个狭长的院子中。每一院子有50间房子，分别设有花园，里面住着上千宫女，服侍国王。皇宫的其余两部分建有小树林、人工湖、栽满果树的美丽花园，以及饲养着各种动物的园囿。这些动物

《西湖清趣图》上南宋西湖断桥一带景象，与马可·波罗描述的湖周都是贵族寓所，还有许多庙宇寺院，船夫站在游船顶篷上用长竹竿撑行，也一一吻合。华盛顿弗利尔美术馆藏

是供游猎用的，有羚羊、鹿、赤鹿、家兔和野兔。

只不过现在的皇宫是大汗总管的官署，前殿仍保持着原来的样式，但后宫已经毁坏了，仅留下一堆废墟，供人凭吊。园林也同样破败不堪，动物与树木都不复存在了。

在马可·波罗的记述中，令人瞩目的还有大汗当时在行在杭州收取的岁入。第一是盐税，总数达640万德克（ducat）。其次是出产销售食糖时必须付出百分之三又三分之一的税。其三是酒税。城里上千工场的12种工匠，以及往来买卖的商人，或海外商旅，也同样要支付百分之三又三分之一的税。从遥远的国家或地方运来的货物，须付10％的税。本国的一切土产，如家畜、农产品和丝绸等都要向君主纳税。据马可·波罗统计，除了盐税外，大汗每年还可收税6080万德克。

当然，马可·波罗不会落下对于沿海大港刺桐的介绍，称刺桐的胡椒出口量非常大，但其中运往亚历山大港以供应西方各地所需的数量却微乎其微，恐怕还不到百分之一。

一百多年前，马可·波罗的著作就已在欧洲广为传播，今天哥伦布终于有幸亲眼目睹了这部伟大的作品，让他全面而深入地领略到了行在杭州的繁华及其“天城”之誉。马可·波罗这些不同寻常的见闻式的描述，在今天看来，其中多有夸大其词的地方，当时却令哥伦布眼花缭乱，心向往之。

到东方去！到行在杭州去！哥伦布拍案而起，终于再次下定了决心。

后人曾说哥伦布到东方去的“美梦”是马可·波罗所激起的，这一点都不为过。哥伦布在西班牙期间是长了知识的，尽管西班牙王室多次拒绝了他提出的航海计划以及他所开出的探险条件，但他前往东方的决心矢志不移。

西班牙探险者在古巴四处寻找Quinsay

1492年，在西班牙待了八年、屡屡碰壁的哥伦布，终于对这个王国失去了耐心，他不愿意让自己的高远志向在此折戟沉沙。

这年4月17日，哥伦布正式告别西班牙，卷起行囊，另谋出路。尽管他内心深处坚信这世上有一条通往人类未来的希望之路，但眼下的路途却让他迷惘和踌躇。还能去哪里呢？似乎哪里都看不到希望。他的心情糟透了，走了没多少路就感觉步履艰难，已经走不下去了。

他沮丧地一屁股坐在了路边的一块草地上，歇下了。可就在此时，身后传来急促的马蹄声——来人是西班牙王宫的一名骑士，奉命来追哥伦布。他传达了来自西班牙国王和王后的旨意，让哥伦布立刻返回王宫。

“剧情”就此突然逆转！因为有人愿意为哥伦布的远航探险垫付费用，西班牙国王和王后派人召回了已经跑路的哥伦布，接受了他之前提出的全部权利和特权，加封贵族称号“唐”，以及“海军上将”官衔，并给他颁发了通行证（类似今天的护照），命他实施向西探险的航海计划。

哥伦布终于时来运转了。

经过四个月的筹备，他从帕洛斯出发到加那利群岛，然后在这年9月6日，正式开始第一次横渡大西洋。

临行前，对Quinsay无比憧憬的哥伦布还带上了一封西班牙国王致大可汗的信。他不知道，蒙古大汗在中国建立的元朝早已在一百多年前的1368年，被朱元璋建立的大明帝国所取代了，在中国的这一翻天覆地巨变，欧洲人却在一个多世纪后仍然一无所知。

西班牙探险舰船向西来到了今天的加勒比海海域。因为水下地形的复杂多变，这里的海水在阳光的照耀下会呈现出不同颜色，变幻多端。哥伦布却一心一意、一如既往地向西，再向西。

10月12日，哥伦布第一次登陆圣萨尔瓦多岛（今华特林岛，为巴哈马群岛中的一个）。

哥伦布奔“行在杭州”而去，最后抵达的却是美洲大陆。在今天看来，哥伦布对新大陆的发现充满着各种谬误。

1492年10月21日，已经在圣萨尔瓦多岛登陆的哥伦布决定继续向西前行，寻找东方大陆上的Quinsay，以便把西班牙国王的书信递交给大汗，并带回他的回信。

10月28日也是个重要日子，西班牙船队发现了古巴。登陆之后，哥伦布欣喜若狂，因为他以为来到了中国，来到了他向往和期盼已久的Quinsay，并自认为大汗就在附近，不顾疲劳，马上派人开始四处寻找。

可是过了两天，毫无“天城”迹象。11月1日，他

古巴南部海岸，哥伦布曾多次路经和登陆。

还为手下打气说：“很肯定，这就是东方的大陆，我们现在已快到刺桐和行在了，它们应该离此不远。”

11 月 12 日，哥伦布终于又有了令人鼓舞的新发现。他在古巴的一个岛上发现了大批棉花。这是个好东西，如果找到行在杭州，就把这里取之不尽的棉花设法直接运到大汗的城市去交易。

然而到了 12 月 11 日，手下人对东方大城还是一无所获，只找到了仿佛原始人的当地土著卡尼巴人。但哥伦布仍然坚信：“这里的卡尼巴人无疑就是大汗的人，大汗他们一定离这儿很近，而且会有船的。”

但后来发现，当地人口实在太过稀少了，他又以为可能是到了中国最贫瘠的地区。这时他又突发奇想，在中国以东不是有个富饶得像“金银岛”一样的日本群岛吗？于是他掉转船头，沿着古巴海岸向东进发（那封国王写给大汗的“国书”，自然是没有送达，后来只好带回还给国王）。结果可想而知，他并未找到梦想中遍地金银的日本。

直到去世，他仍然以为新发现的那片土地就是亚洲的东方大陆。因为当时称东亚地区为“上印度”，所以他还把当地土著叫作“印第安人”。

尽管哥伦布第一次西航探险所找到的，与他原来的期望值存在着很大差异，但这不妨碍他这次探险所取得的巨大成功，因为他发现了新大陆！第二年4月底，哥伦布凯旋，在巴塞罗那受到了国王和王后的欢迎，他成为了西班牙的英雄。之后，哥伦布分别又在1493年9月、1498年5月和1502年5月，三次扬帆横渡大西洋到美洲。

哥伦布寻找中国，发现的却是美洲。尽管如此，发现新大陆的意义极为深远，它促发了人们进一步发现新世界，以至发现全世界。尽管哥伦布并非是第一个到达美洲的欧洲探险家[①]，但他先后4次的西征远航，第一次带来了欧洲与美洲的持续接触，并由此开启了后来延续几个世纪的欧洲人探险和殖民海外领地的大航海时代。

这一人类史上的大转折对西方世界历史的发展，无疑有着不可估量的影响，并足以让哥伦布名垂青史。

①第一个踏上北美土地的欧洲人是公元1000年前后的北欧维京人莱夫·埃里克松（Leiv Eiriksson）。

行在杭州，西方古地图中的中国代名词

哥伦布发现新大陆以后，欧洲人对于世界地理的认识到达了前所未有的高度，从此以后，他们绘制出版的世界地图几度刷新了世人的眼球。但很长一段时间里，受马可·波罗（包括哥伦布）的影响，行在 Quinsay 仍然是欧洲人绘制地图时的“中国标记”，譬如前面讲到的“海军上将地图”就是一例。还有发明投影法的著名制图师吉哈德斯·墨卡托（Gerardus Mercator），他在 1538 年前后出版的一幅拉丁文《双心形投影世界地图》上，也以 Quinsai 作为中国标记。

在《马可·波罗游记》问世以前，西方人对东方的地理知识，基本上局限于托勒密的时代（约 90—168）。迄今存世最早的托勒密世界地图，1477 年刊印于意大利博洛迦（Bologna），在这幅地图上，东亚是混沌一片，用文字标示的古代中国，写作 Seres、Sinae 以及 Scythia Extra（外斯基泰）。

而 1375 年绘制、早于这幅托勒密世界地图一百年的《卡塔兰地图》（The Catalan Atlas，也叫《加泰罗尼亚地图》），是早期标有 Quinsay 的西方古地图。此图的作者为克莱斯克（Abraham Cresques），一位西班牙犹太人。此图彩绘，篇幅很大，共由 8 长幅连接而成，每幅高 66 厘米，宽 26.5 厘米，总宽 8×26.5 = 212 厘米，现存于巴黎法国国家图书馆。此图企求以《马可·波罗游记》为主要内容来展示一个新的世界，因此标出许多马可·波罗记述的地名。它突破了托勒密《地理学》框架，是西方地图史上里程碑式的作品之一。而且它的绘制实际上比最早重绘的托勒密世界地图还早了一个世纪。《卡塔兰地图》上的中国部分，有被画成欧洲国王形象的忽必烈坐像，又绘制了一个临水的城市，边上标示 Cansay，就是行在杭州。

进入 16 世纪以后，随着大航海时代的到来，欧洲人开始进一步了解中国地理，与 Quinsay 相关的地图多了起来。已故浙江大学教授黄时鉴曾说，他见到的在 16 世纪前中期的相关地图，就不下 28 家 35 幅。

比如，贾科莫·加斯塔迪（Giacomo Gastaldi）1546 年绘制的《寰宇新图》，在亚洲板块上绘标了中国地名 Quinsai，而我们可以看到亚洲与美洲这两大板块完全是相连的。这就是受当时“陆桥”观念影响而出现的地球板块知识上的偏差。不过，对这幅地图还应引起注意的是，在这幅西班牙文标注的地图的两边，即地球表面在地图平面上的切分处，在今天中国南海的位置上，都标示了“MAR DE LA CHINA”，西班牙文是“中国海”的意思。这应该是中世纪西方地图上较早出现“中国海”标识的一个实例。如果要追溯中国南海的历史渊源，除了中国的文献记载之外，在西方古地图上至少在 16 世纪早期就有“中国海”的出现了。

在马可·波罗的影响下，杭州显然是西方制图家非常看重的中国城市。因而在一些著名的地图上，如果只标出很少的地名，也有 Quinsay，甚至只标

1477 年在罗马出版的第一部印刷版托勒密世界地图。那不勒斯大学图书馆藏

出 Quinsay。比如，德国人缪恩斯特（Sebastian Mü nster）的《亚洲地图》（1544）上标的是 Tangvt（唐古特）、Cathay（契丹）、Mangi（蛮子国，即南宋，指中国南方）和 Quinsai，这几个地名所在区域的画法明显受到前面提到的“海军上将地图”的影响；《美洲地图》（1540）也受到了“海军上将地图”的影响，标的是 Cathay、Quinsai 和 India Superior（上印度，泛称远东大陆）。

布恩丁（H.B ü nting）《旅程圣迹》中的“飞马亚洲”地图（1581—1585）上，其表示中国的马尾部分，也只标出了 Quinsay 一词。

欧洲中世纪地图在中国地图和地名的绘制上，极大地受到了马可·波罗的影响，而追本溯源又是受到了以行在杭州 Quinsay 为代表的南宋文化的影响，这才是最根本的影响。

《卡塔兰地图》局部，画圈中为 cansay 所在。法国国家图书馆藏

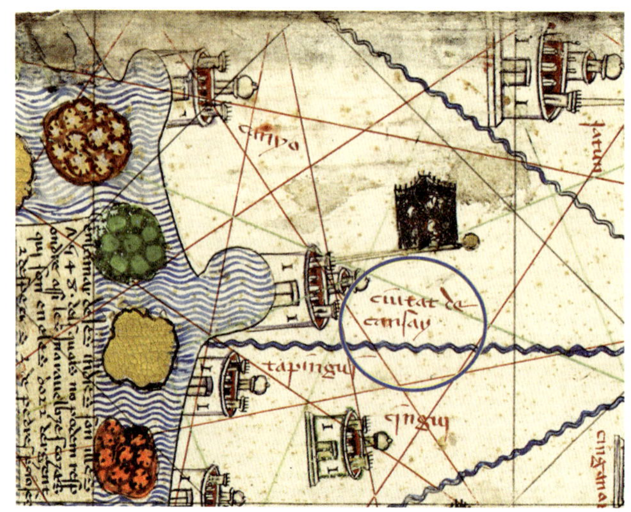

《卡塔兰地图》（局部放大图）上的“cansay”（行在）

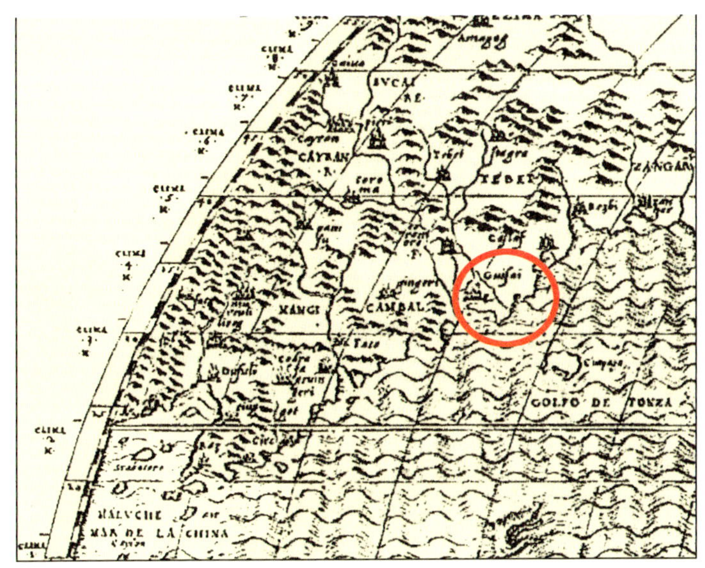

贾科莫·加斯塔迪1546年绘制的世界地图(局部)上的“Quinsai”,注意左下角“MAR DE LA CHINA”,西班牙文“中国海”的意思。来源:杰里米·布莱克《地图的历史》(张澜译)

1482 年,在里斯本的哥伦布看到了保罗写给他的那封信,由此将自己的航海事业和自己未来的命运选择在了一个叫作 Quinsay 的地理方向上。

如果把历史的时钟回溯到公元 1129 年,也就是在哥伦布之前的两个半世纪,宋高宗赵构也把他自己及其宋王朝的命运,选择在了一个被称作“天堂”的城市——杭州。这有点像是英雄所见略同!

与哥伦布相比,赵构自然算不上英雄,但他的这一选择却在客观上成就了中国历史极为重要的那一页:中国经济中心的南移。从“天堂”到“京城”、到“天城”,数百年历史早已翻页更新,但当年南宋对于杭州的选择确实产生了深远意义,一直影响到两个多世纪以后的一个新时代的“启航”。

缪恩斯特的《美洲地图》（或译作《新大陆地图》），图上美洲和亚洲只相隔于一条海峡。注意图的左上角所标示的Quinsay。来源：杰里米·布莱克《地图的历史》（张澜译）

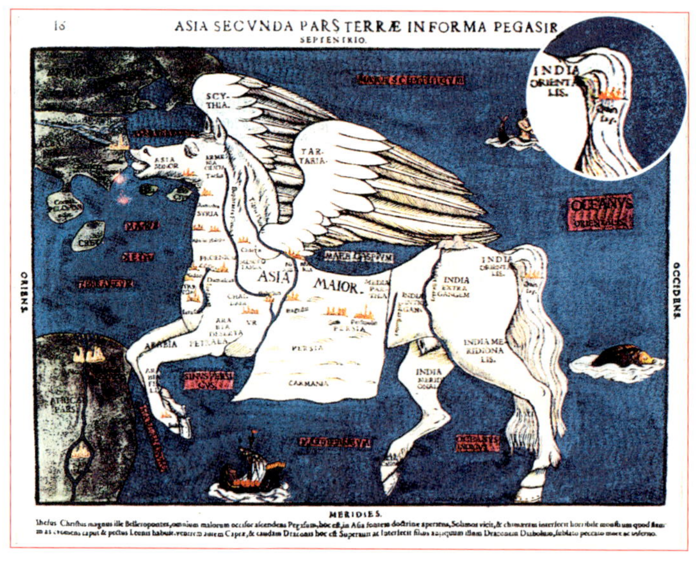

传教士海因里赫·布恩丁《旅程圣迹》（1581-1585）"飞马亚洲"地图在马尾上标注了Quinsay（中国）。来源：黄时鉴《马可波罗游记与西方古地图上的杭州》

古巴哈瓦那老城区天主教大教堂，曾于 1796—1898 年期间安放过哥伦布遗体。

1506 年 5 月 20 日，哥伦布在西班牙去世。弥留之际，他仍然念念不忘那个他始终未能看到的东方名城，念念不忘有一天重新起航，探寻那个梦寐以求的世界名城。他在遗言中期待能安葬在巴哈马或古巴，他想在那里，魂归 Quinsay。

1796 年，哥伦布的遗骸运到了西班牙殖民统治的古巴哈瓦那，被存放于老城区天主教大教堂内。但百年之后的 1898 年，西班牙人在美西战争中战败，他们从古巴撤走时，将哥伦布灵柩也带回了西班牙，因为他已是西班牙永远的英雄。于是，哥伦布又回到了他最初梦想 Quinsay 的地方——西班牙塞维利亚。

尾章

格局重构——历史进程中的三次『蓦然回首』

在历史的长河中披沙沥金，我们可以看到南宋时期创造的先进文化，对于中国以及世界所作出的重要贡献。

陈寅恪先生曾说："华夏民族之文化，历数千载之演进，造极于赵宋之世。"这里所说的"造极于赵宋之世"，既是对北宋文明成就的嘉许，更是对南宋在中国文明史上所创造的繁荣与辉煌的推崇。

今天，我们历史地去看南宋王朝，尽管它相比北宋仅有半壁江山，偏安江南，尽管它在政治上日益专制，邦交上卑躬屈膝，达官贵人的穷奢极欲，与平民百姓的沉重税赋所造成的两极分化，始终难以调和。但它在一个半世纪中所呈现的经济繁荣、文化灿烂、科技发达、理学兴盛，都是值得称道的新的高峰。

而在宋代灿烂文明的那顶"皇冠"之上，行在临安，无疑是一颗最为璀璨夺目的明珠，她水秀山明、风月无边，玉堂金马、物阜民丰，街市繁盛、四方辐辏，一座人类文明的"天堂"实至名归。行在西湖，素雅高洁、四季如画，成为南宋士大夫抚慰心灵、陶冶性情，寄怀遣兴、魂牵梦绕的精神家园，无数骚人墨客穷尽才情，为她留下了浩瀚而优美的诗篇华章。行在 Quinsay，也成了马可·波罗和哥伦布等西方人眼中这个世界上最美丽华贵的"天城"。

因为南宋和杭州，历史的发展进程出现了三次重大转移。

誉美“天堂”：中国经济重心的向东南转移

南宋将其都城选择在杭州，其中一大原因是当时历史发展大趋势的必然性，即杭州作为“东南第一州”，是“安史之乱”后，中国经济重心在向东南转移这一历史进程中崛起的典型性和代表性城市。

这一重要的历史大趋势，虽不是南宋生发的，却是在南宋时完成并加以稳固的。除了南渡的宋高宗和被俘的宋恭帝，在临安即位的南宋诸帝，心无旁骛安居于此，无一人离此他去。朝野臣民最后也将“临安”，奉为事实上的大宋京城，“临安”反成为了“长安”。

这种现象的背后是一种异乎寻常的“稳定”。临安城在涉及城市安全、政权安稳、生活安定等方面的基本保障系统建设，日臻完善，超越了隋唐长安和北宋东京的固有水平，也夯实了南宋京城的立足基础。

一方面，这是由于当时已被名谚“上有天堂，下有苏杭”标签化的东南地区雄厚的经济基础，为南宋立国带来了强劲而绵长的支撑力；另一方面，杭州成为京城，又促使了更大范围的经济力量源源不断地向东南地区集聚和释放，由此支撑了一个全新的都城拔地而起、踵事增华。

利好“海丝”：中国对外贸易由西向东转向

汉唐丝绸之路具有久远的生命力和影响力，但这也造就了古代中国对外贸易的一种“内向”，向西的目光成为一种传统和思维定式。而在南宋时期，中国历史上又出现了一大趋势：对外贸易重心从西北向东南大转移，海上丝绸之路应运而生。

但海上丝绸之路开启的意义并不局限于贸易往来。从政治文化史的角度来看，海上丝绸之路的形成，使得南宋以及杭州成为很长一段时期东西方国际交往中的一大中心，并由此造就了中国在世界丛林之中的政治大国地位。

这样的另辟蹊径也促使中华文化走向了更广泛的开放和包容。无论后世各代的执政理念如何变化，即使明清时期官方采取了严苛的“海禁”政策，也未能从根本上改变中华文化强大的包容性和融合性。

憧憬“天城”：世界史开启“大航海时代”

世界史上具有深远意义的“大航海时代”的开启，是在南宋灭亡后两百多年。虽然“迟到”了，但却是因南宋杭州而触发的。

欧洲人“蓦然回首”，发现了美洲新大陆，其意义极为深远，开启了后来延续几个世纪的欧洲人探险和殖民海外领地的一个时代——大航海时代。这一人类史上的大转折对世界史的发展进程，无疑有着不可估量的影响。

在此似乎也该更正一个史实错误了。很多文章介绍，哥伦布探险是为了寻找印度，发现美洲大陆的土著后，他还称其为“印第安人”。而事实上，中世纪西方人将中国一带的远东地区叫作“上印度”（India Superior）。这一泛称与“印度”是完全不同的两个地理概念。哥伦布想找的“上印度”，具体而言就是Quinsay杭州，还有泉州等地。

哥伦布先后4次远航探险东方，登陆古巴后曾以为Quinsay就在附近，派人四处寻找这个城市。直到去世时，他仍希望自己的灵柩能安放在加勒比海的古巴等地。

Quinsay，才是他梦想魂归的天堂。

由“天堂”成为“京城”，从“京城”走向“天城”，杭州的这段发展史，推动了历史的这三次发展大转折和大趋势，并对中国和世界的政治、经济和文化的格局进行了重构。这是南宋对中国历史文化的贡献，也是杭州对世界文明进步的贡献。

南宋文化的“品位”之高，奠定了杭州这座历史文化名城的基本“成色”。这又让今天生活在这座城市的人们受益匪浅。

感念！南宋杭州那段“东风夜放花千树”的岁月……

参考文献

1. 历史文献

[1] 陶　榖：《清异录》，朱易安、傅璇琮主编：《全宋笔记》第一编第二册，大象出版社 2003 年出版。

[2] 司马光：《资治通鉴》，上海古籍出版社 1987 年影印清嘉庆胡克家刻本。

[3] 曹　勋：《北狩见闻录》，徐梦莘：《三朝北盟会编》卷九八引，国家图书馆出版社“中华再造善本续编”2013 年影印明抄本。

[4] 曹　勋：《松隐文集》，刘承幹“嘉业堂丛书”1920 年刊本。

[5] 萧照绘画、曹勋赞语：《中兴瑞应图》，上海龙美术馆藏，上海书画出版社 2019 年出版。

[6] 耐　庵：《靖康稗史》，中州古籍出版社 1993 年出版。

[7] 熊　克：《中兴小纪》，上海商务印书馆“丛书集成初编”1936 年出版。

[8] 张　守：《毗陵集》，台北商务印书馆 1986 年影印文渊阁四库全书本。

[9] 周必大：《庐陵周益国文忠公集》，清道光二十八年（1848）欧阳棨瀛塘别墅刊，咸丰元年（1851）续刊。

[10] 周　淙：《乾道临安志》，浙江人民出版社“南宋临安两志”1983 年出版。

[11] 徐梦莘：《三朝北盟会编》，上海古籍出版社 1987 年影印清光绪许涵度刻本。

[12] 李心传：《建炎以来系年要录》，中华书局 1988 年出版。

[13] 李　焘：《续资治通鉴长编》，中华书局 1979 年出版。

[14] 吴　曾：《能改斋漫录》，上海古籍出版社 1979 年出版。

[15] 叶绍翁：《四朝闻见录》（沈锡麟等点校），中华书局 1989 年出版。
[16] 谢采伯：《密斋笔记》，车吉心主编：《中华野史·宋朝卷》，泰山出版社 2000 年出版。
[17] 庄　绰：《鸡肋编》（萧鲁阳点校），中华书局 1983 年出版。
[18] 岳　珂：《桯史》（吴企明点校），中华书局点校本 1981 年出版。
[19] 陈仁玉、吴革、王亚夫（原署名施谔）：《淳祐临安志》，浙江人民出版社“南宋临安两志”1983 年出版。
[20] 祝　穆：《方舆胜览》，国家图书馆出版社“中华再造善本”2004 年影印宋咸淳三年（1267）吴坚、刘震孙刻本。
[21] 潜说友：《咸淳临安志》，国家图书馆出版社“中华再造善本”2006 年影印宋咸淳临安府刻本。
[22] 西湖老人：《西湖老人繁胜录》（周百鸣标点），杭州出版社“西湖文献集成”2004 年出版。
[23] 灌圃耐得翁：《都城纪胜》（周百鸣标点），杭州出版社“西湖文献集成”2004 年出版。
[24] 吴自牧：《梦粱录》（周百鸣标点），杭州出版社“西湖文献集成”2004 年出版。
[25] 周　密：《武林旧事》（周百鸣标点），杭州出版社“西湖文献集成”2004 年出版。
[26] 周　密：《鹤林玉露》（王瑞来点校），中华书局 1983 年出版。
[27]《宋会要辑稿》（徐松辑录，刘琳等校点），上海古籍出版社 2014 年出版。
[28] 宋礼部太常寺纂修：《中兴礼书》（清徐松辑录），上海古籍出版社“续修四库全书”2000 年出版。
[29] 脱脱等：《宋史》，中华书局 1985 年点校本。
[30] 脱脱等：《金史》，中华书局 1975 年点校本。
[31] 陶宗仪：《说郛》，中国书店 1986 年影印涵芬楼本。

[32] 田汝成：《西湖游览志》《西湖游览志余》，上海古籍出版社 1998 年出版。
[33] 陈邦瞻：《宋史纪事本末》，中华书局 1977 年出版。
[34] 吴任臣：《十国春秋》（徐敏霞、周莹点校），中华书局 1983 年出版。
[35] 毕　沅：《续资治通鉴》，中华书局 1957 年出版。
[36] 高士奇：《江村销夏录》，文渊阁本四库全书。
[37] 厉　鹗:《南宋院画录》(周百鸣标点),杭州出版社“西湖文献集成”2004 年出版。
[38] 王　同:《武林风俗记》(顾希佳标点),杭州出版社“西湖文献集成”2004 年出版。
[39] 顾　光：《武林新年杂咏》（顾希佳点读），杭州出版社“西湖文献集成”2004 年出版。

2. 专　著

[1] [法]马司帛洛：《占婆史》（冯承钧译），中华书局 1956 年出版。
[2] 张星烺编注、朱杰勤校订：《中西交通史料汇编》（第一册），中华书局 1977 年版。
[3] 唐圭璋：《宋词三百首笺注》，上海古籍出版社 1979 年出版。
[4] 陈高华、吴泰：《宋元时期的海外贸易》，天津人民出版社 1981 年出版。
[5] [苏联]约·波·马吉多维奇：《世界探险史》（屈瑞、云海译），世界知识出版社 1988 年出版。
[6] 潘臣青:《西湖画寻》,浙江人民美术出版社 1996 年出版。
[7] [威尼斯]马可·波罗:《马可·波罗游记》(梁生智译),中国文史出版社 1998 年出版。
[8] [热那亚]克里斯托弗·哥伦布：《哥伦布美洲发现记》（刘福文译），黑龙江人民出版社 1998 年出版。
[9] [法]米歇尔·勒盖纳：《哥伦布——大西洋的海军元

帅》（顾嘉琛译），上海书店出版社 1999 年出版。
[10] [威尼斯]马可·波罗:《马可波罗行纪》(冯承钧译)，上海书店出版社 2001 年出版。
[11] 黄纯艳：《宋代海外贸易》，社会科学文献出版社 2003 年出版。
[12] 林正秋：《南宋都城临安研究》，中国文史出版社 2006 年出版。
[13] 徐吉军:《南宋都城临安》，杭州出版社 2008 年出版。
[14] 陈　野:《南宋绘画史》，上海古籍出版社 2008 年出版。
[15] 王勇、郭万平等：《南宋临安对外交流》，杭州出版社 2008 年出版。
[16] 姜青青:《〈咸淳临安志〉宋版“京城四图”复原研究》，上海古籍出版社 2015 年出版。
[17] 王　露：《西湖景观题名文化研究》，杭州出版社 2016 年出版。

3. 论　文

[1] 全汉昇：《南宋杭州的消费与外地商品之输入》，《南宋史研究论丛》（下），2008 年杭州出版社出版。
[2] [日]土肥祐子：《南宋的朝贡与回赐——略论“一分收受，九分抽买”》，何忠礼主编：《南宋史及南宋都城临安研究》（上），人民出版社 2009 年出版。
[3] 黄时鉴：《马可·波罗游记与西方古地图上的杭州》，李治安、宋涛主编：《马可·波罗游历过的城市 QUINSAY——元代杭州研究文集》，杭州出版社 2012 年出版。
[4] 姜青青：《古谚“上有天堂，下有苏杭”源流考》，辛薇主编:《南宋史及南宋都城临安研究(续)》(上)，人民出版社 2013 年出版。
[5] [日]土肥祐子：《南宋绍兴二十五年的占城朝贡》，辛薇主编:《南宋史及南宋都城临安研究(续)》(上)，

人民出版社 2013 年出版。

[6] 姜青青：《从宋版“京城四图”看临安城基本保障系统的构建》，联合国教科文组织/中国社会科学院主办《国际社会科学杂志》(中文版)第33卷第3期(2016年)。

[7] 张西平：《〈马可·波罗游记〉的思想文化意义》，《中华读书报》2017 年 3 月 15 日第 17 版。

[8] 姜青青：《南宋临安府治南北距离探测及府治教场规模探究》，《杭州文史》2017 年第四辑，杭州出版社 2018 年出版。

从书编辑部

郭泰鸿　安蓉泉　尚佐文　姜青青　李方存
艾晓静　陈炯磊　张美虎　周小忠　杨海燕
潘韶京　何晓原　肖华燕　钱登科　吴云倩
杨　流　包可汗

特别鸣谢

顾志兴　杜正贤　楼毅生（系列专家组）
魏皓奔　赵一新　孙玉卿（综合专家组）
夏　烈　陈歆耕（文艺评论家审读组）

图片作者

邓兵兵　朱绍良　衣若芬　巫晓波　林朝晖
姜青青（按姓氏笔画排序）